WACHSE
MIT DEINEN
MISSERFOLGEN

WACHSE
MIT DEINEN MISSERFOLGEN

WACHSE DURCH DEINE MISSERFOLGE

BY

KURT GASSNER

My-mindguide.com

Wachse mit deinen Misserfolgen
Kurt Gassner

Impressum
My-mindguide – The publishing trademarke of trendguide Capital GmbH, Klenzestr. 42a, 80469 Munich, Germany.

Reg. Nr. HRB Munich 206639, VAT 152 123 159, CEO: Kurt Friedrich Gassner
Web: www.my-mindguide.com, mail: gassner@my-mindguide.com

Paperback ISBN: 978-3-949978-48-7
Ebook ISBN: 978-3-949978-50-0
Hardback ISBN: 978-3-949978-49-4

Inhaltsverzeichnis

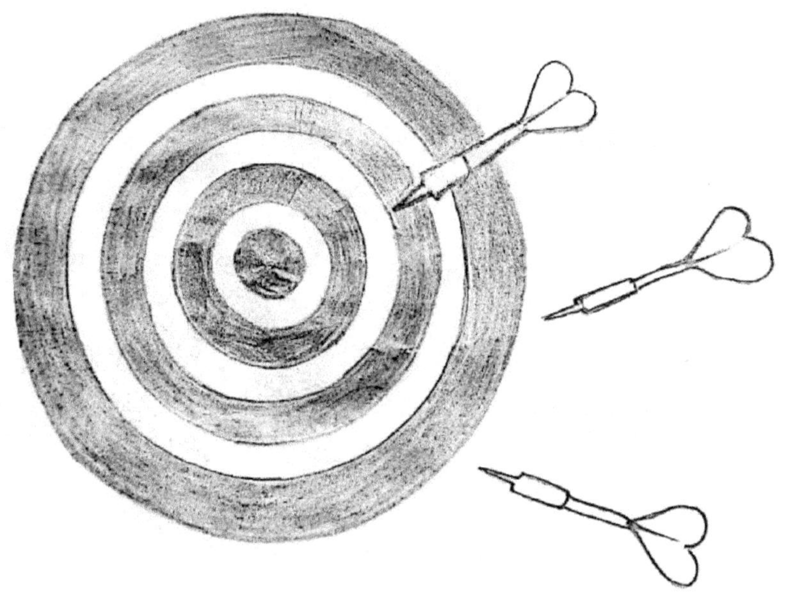

My-mindguide.com

Einführung

Was bedeutet Scheitern für dich?

Für viele Menschen ist diese Frage anfangs etwas befremdlich. Die Gegenfrage, die wir von solchen Menschen hören würden, wäre: „Wie kann ich wissen, wie ich Scheitern wahrnehme, wenn mir von Anfang an beigebracht wurde, dass Scheitern negativ ist? Wir wurden so von Freunden belehrt, von Bekannten, Freunden von Bekannten und so weiter und so fort. Die meisten Argumente waren wahrscheinlich ähnlich wie diese hier:

- „Du kannst es dir nicht leisten zu versagen.“
- „Wenn du in der Schule versagst, bekommst du keinen guten Job!“
- „Jeder der versagt, kann auch später nichts mehr werden.“

Während unseres ganzen Lebens, von Grundschule bis zum Schulabschluss, hören wir immer wieder das gleiche Gerede über das Scheitern. Häufig ist es aber so, dass wir, obwohl wir uns viel Mühe gegeben haben, alle Klausuren zu bestehen, am Ende trotzdem versagt haben.

Versagen war nie eine Option. Jeder unserer Mitschüler, der versagt hat und dann unglücklich war, wurde vor und von der ganzen Klasse runtergemacht, und es wurde ihm gesagt, dass er nie irgendetwas in seinem Leben erreichen wird.

Leider haben solche Aussagen dramatische Folgen auf emotionaler und psychologischer Ebene. Viele lassen den Spott über sich ergehen und ertragen ihn oder lassen sich einschüchtern. Sie akzeptieren, was andere über sie sagen.

Trotzdem gibt es einige von uns, die solche Aussagen niemals akzeptieren würden. Das Scheitern sehen sie als Herausforderung und nicht als das Ende, und sie versuchen alles zu schaffen, um am Ende zu gewinnen.

Ich bin hier, um dir zu sagen, dass auch du gewinnen kannst.

Wieso schreibe ich dieses Buch?
Im Laufe meines Lebens bin ich immer wieder mit dem Scheitern in Berührung gekommen. Das hat mir beigebracht, dass Scheitern einfach nur ein paar kleine Stolpersteine auf dem Weg zum Erfolg sind und jedes Versagen uns etwas lehren kann. Diese Erkenntnis möchte ich heute in diesem Buch mit dir teilen.

Die Note 6 in großen roten Lettern auf den Hausaufgaben oder auf einem Test. Selbst wenn du in der Schule zumeist mit einer 4 bestanden hast, hattest du wahrscheinlich trotzdem Albträume, eine noch schlechtere Note zu bekommen. Der Grund dafür ist einfach: Versagen. Und beim Versagen haben wir vor allem eines, nämlich Angst. Die Angst ist vergleichbar mit einer Krankheit, welche dich durch dein ganzes Leben begleitet. Um die Angst zu vermeiden, sollten wir alles mögliche unternehmen. Richtig?

Falsch. Ich denke, wir sollten das Versagen annehmen, und ich sage dir wieso.

Am Ende dieses Buches wird sich deine Meinung bezüglich des Versagens geändert haben. Du wirst lernen, das Scheitern zu nutzen, um deine Ziele im Leben zu erreichen.

Das komplette Buch ist in der „du"-Ansprache geschrieben, damit ich mit meinen Lesern wie mit guten Freunden sprechen kann. Auch zielt die Benutzung des generischen Maskulinums nicht darauf ab, nur ein bestimmtes Geschlecht anzusprechen. Es wurde hier zugunsten eines besseren Leseflusses gewählt, und alle Geschlechter sollen sich inkludiert fühlen.

1

Es gibt keinen wirklichen Erfolg, ohne vorher zu scheitern.

Ja, ich weiß, es ist sehr brutal zu sagen, dass man keinen wirklichen Erfolg erleben kann, ohne vorher gescheitert zu sein, aber es ist das, was ich persönlich für richtig halte. Ich sage das mit voller Überzeugung, weil dies eine Situation in deinem Leben sein wird, die irgendwann auf dich zukommt. Was du mit der Erfahrung des Scheiterns machst, wird sich auf deinen Erfolg auswirken, oder dich in eine Abwärtsspirale von niemals aufhörender Enttäuschung schicken, solltest du es zulassen.

Scheitern ist etwas, das jeder, den ich kenne, irgendwann in irgendeiner Art und Weise in seinem Leben erlebt hat. Vielleicht war es die Beziehung, die nicht funktioniert hat, oder ein Job, in dem man gekündigt wurde. Oder man hat es einfach nicht geschafft, ein paar Kilogramm an Gewicht zu verlieren oder einen angefangenen Kurs zu beenden. Niemand schafftes, durch sein Leben zu kommen, ohne das Scheitern erlebt zu haben. Aber wenn du wirklich an dich glaubst, ist das Scheitern gar nicht so schlimm. Es ist nur ein kleiner Stolperstein auf dem Weg zum Erfolg – zugegebenermaßen ein ziemlich lästiger Stolperstein.

Ich bin schon oft in meinem Leben gescheitert, vielleicht sogar mehr als einige andere, weil ich viele Risiken eingehe. Ich gehöre zu den Menschen, die glauben, dass sie alles schaffen können. Diese Lebenseinstellung hat allerdings zwei Seiten. Sie hat etwas Gutes, weil ich offen bin für alles, offen zu experimentieren, neue Erfahrungen zu sammeln, einen neuen Job zu starten oder eine neue Beziehung zu beginnen. All das bedeutet seine Persönlichkeit zu erweitern, aber auch Lektionen zu lernen. Manchmal ist diese Lebenseinstellung lästig, wenn ich realisiere, dass ich nicht all das machen kann, was ich denke, das ich kann, und ich zu oft Zeit mit unwichtigen Dingen verschwenden muss oder – wer hätte es gedacht – auch manchmal an einer Aufgabe scheitere. Dazu muss man sagen, dass ich in der Regel nicht einfach so aufgebe, aber manchmal geht es nicht anders. Die Akzeptanz des Scheiterns sehe ich als Stärke an und nicht als Schwäche. Ich habe gelernt, meine Misserfolge als einen Teil von mir zu akzeptieren, aber das war nicht immer so einfach.

Wenn du in deinem Leben dem Scheitern begegnest, kannst du zunächst vielleicht gar nicht glauben, dass dir so etwas widerfahren ist. Manchmal weiß man nicht, wer man ist, und wo die eigenen Stärken liegen. In Moment des Versagens realisiert man, dass man nicht alles schaffen kann. Wenn du einen Job angenommen hast, in dem die Anforderungen deutlich über deinen Fähigkeiten liegen, und du versagst, obwohl du gedacht hast, dass du es schaffen wirst, kann dir dieses Versagen vieles beibringen und dir wichtige

Erkenntnisse liefern. Vorausgesetzt du nimmst dir die Zeit und analysierst die Situation und suchst nach den Gründen für dein Scheitern. Auch wenn es durchaus positiv ist, nach den Sternen zu greifen, solltest du trotzdem die Möglichkeit in Betracht ziehen, eben nicht dort anzukommen. Scheitern bedeutet an Erfahrung zu gewinnen und dich zugleich zu warnen, dass du etwas Wichtiges auf deinem Weg vergessen hast. Du musst verstehen, was du falsch gemacht hast, damit du aus deinen Fehlern lernen kannst. Wenn du das, was du aus deinen Fehlern gelernt hast, verinnerlichst und anwendest, erst dann erstellst du ein Fundament für dein Denken und Handeln als menschliches Wesen. Das Scheitern baut Stärke, Charakter und noch vieles mehr auf. Das sind die Geschenke, die man vom Scheitern erhält.

Ich habe meine Reise als Unternehmer bereits in einem verhältnismäßig jungen Alter begonnen. Ich war gerade einmal 20 Jahre alt, als ich meine erste Werbeagentur unter dem Namen GBK+ Partner in Solingen/Deutschland gründete. Ich konnte ganz manierlich schreiben, hatte aber vom Geschäft keine Ahnung. Die ersten Monate meiner Selbstständigkeit glichen einem Crashkurs zum Thema Business und ich lernte schnell, was mir alles fehlte, um eine Marketingagentur zusammen mit meinen Partnern erfolgreich zu leiten.

Leider war ich der einzige, der wirklich hart gearbeitet hat und Aufträge akquirierte. Aber es hat nicht gereicht. Bereits nach wenigen Monaten mussten wir unsere Agentur schließen. Das hat mich traurig gemacht, aber ich musste weitermachen, da dieses Scheitern nicht der Endpunkt für mich sein sollte.

Dieses erste Gefühl des Versagens hat mich weitergebracht und mich zu dem gemacht, was ich heute bin: zufrieden in einer komfortablen Position. Ich habe viel über mich selbst gelernt dank all meiner Fehler. Jedes Scheitern hat mich eine Lektion gelehrt und jedes Mal, wenn ich mein Wissen durch die Lektionen erweitert habe, begann schon mein nächstes Abenteuer. Ich habe die Zusammenhänge erkannt und ich war zugleich fokussierter auf meine nächste Aufgabe. Scheitern hat meinen Charakter gestärkt und meinen Willen verstärkt, immer besser zu sein. *Es hat mir einige von meinen Fehlern offenbart, aber vor allem hat es meine Stärken hervorgehoben.*

Wir sind alle nur Menschen. Wir sind in uns widersprüchlich und machen Fehler - auch das bedeutet, ein Mensch zu sein. Es bedeutet aber nicht, dass du selbst als Person ein Versager bist; es bedeutet nur, dass du noch nicht alle Stolpersteine aus dem Weg geräumt hast, um das dir gesteckte Ziel zu erreichen. Ich persönlich habe also keine Angst vor dem Scheitern, denn es bringt mich näher zu meinem Ziel.

Jeder von uns möchte ein glückliches Leben haben. Wir lesen sehr viele Artikel, Bücher und suchen nach Ratschlägen, wie man im Leben erfolgreich wird. Selbst wenn es meistens motivierende Worte sind, befähigen sie uns nicht, unser Leben in die richtige Richtung zu lenken. Wieso ist das so? Die Antwort auf diese Frage ist zunächst eine Gegenfrage. Suchen wir nach der tieferen Bedeutung der Wörter? Nein, wir schauen nur nach weiteren Wörtern, während wir auf der Suche nach Erfolg sind.

Eine Aussage, welcher ich begegnet bin, und welche mich nachhaltig bewegt hat, möchte ich im Folgenden zitieren:

„Wenn du im Leben erfolgreich sein möchtest, gewöhne dir an, Dinge zu tun, die Versager nicht tun würden.“

Wir können niemanden richtig einschätzen, wenn wir eine Person nur ganz kurz gesehen haben. Trotzdem teilen wir die Menschen, die uns in unserem Leben begegnen, in drei verschiedene Arten ein: Die einen, die zufrieden und berühmt sind, die anderen, die unglücklich und deprimiert sind und jene, die jeden Tag etwas Neues versuchen und trotzdem am Ende des Tages versagen, aber es danach auf eine andere Art und Weise erneut versuchen.

Wie wirst du die drei Arten von Menschen beurteilen? Lass mich raten, die erste Person ist erfolgreich und die anderen beiden sind Versager. Das ist der Punkt, wo wir mit unserer Einschätzung komplett danebenliegen.

Menschen, die ihr Eigentum aus Angst vor Verlust nur festhalten, wollen in Selbstzufriedenheit baden und nur so dahinleben. Dann gibt es noch die Menschen, die immer nur in die Vergangenheit schauen, ständig eine Ausrede haben und sich niemals wirklich etwas trauen.

Hier finden wir die Lösung zu der oben zitierten Aussage. Das Einzige, was Versager nicht gerne machen, ist, es etwas zu versuchen. Versuchen ist das Entscheidende, das, was eine Änderung, eine Entwicklung bewirken kann. Vereinfacht gesagt, ist es wie bei einer Münze, die zwei verschiedene Seiten hat. Die eine Seite ist der Triumph und die andere ist die Tragödie. Wir werfen die Münze und das Gute hierbei ist, dass man immer davon lernt. Hat es funktioniert? Super! Dann mach weiter und sammle mehr Erfahrungen, weil ein Triumph nicht ohne Mühe möglich ist. Hat es nicht funktioniert? Nicht schlimm. Hör auf, denselben Fehler immer und immer wieder zu begehen und versuche herauszufinden, wo und was dein Fehler war.

Die meisten erfolgreichen Menschen haben sich nie auf Erfolgssuche begeben, im Gegenteil, sie sind die meistbeschäftigsten Menschen, weil sie Dinge machen, die sie gerne mögen. Dabei haben sie viele Fehler gemacht. Das Einzige was sie anders gemacht haben als andere, ist, das sie aus ihren Fehlern gelernt und es vermieden haben, diese zu wiederholen. Das ist die wichtigste Fähigkeit einer erfolgreichen Person.

Wenn du wirklich erfolgreich sein möchtest, musst du lernen, deine negativen Erfahrungen in positive umzudrehen.

Dein Scheitern ist zugleich eine Möglichkeit, von vorne zu starten. Du wirst vielen Hindernissen begegnen, die dich aufhalten und dich zurückwerfen, aber du musst diese überwinden und weiterdenken.

Du musst dich auf das fokussieren, was du wirklich möchtest, und nicht auf die unwichtigen Dinge. Scheitern ist nur etwas, das dich vorantreibt. Mache so lange weiter, bis du deine Aufgaben meisterst und deine Ziele erreicht hast.

Lektion

Jedes Mal, wenn du scheiterst, bekommst du eine neue Chance, erfolgreich zu sein. Lass das Scheitern deine Motivation sein, und der Erfolg wird unvermeidlich sein.

My-mindguide.com

2

Angst vor dem Scheitern

Der Umgang mit der Angst vor dem Versagen ist die moderne Beulenpest, welche Millionen von Menschen infiziert hat. Viele Leute haben Angst vor dem Versagen, selbst wenn sie es selbst nicht bemerken oder zugeben können. Ich bin mir sicher, dass viele Menschen ihren Traum aufgeben haben, beispielsweise eine gute Beziehung zu führen oder einen guten Job zu bekommen, aus der Angst zu versagen...

Unglücklicherweise ist unser Gehirn so programmiert, dass Scheitern für uns als etwas Schlechtes dargestellt wird. Lass uns auf das Schulsystem schauen. Für gute Leistungen gibt es gute Noten und Lob, für schlechte Leistungen gibt es eine 6 und wahrscheinlich irgendeine Art von Bestrafung. Kein Wunder also, dass es schwierig für uns ist, unsere Komfortzone zu verlassen!

Eine der größten Hürden auf unserem Weg zum Erfolg ist die Angst zu versagen. Für einige Menschen ist die Angst eine Art Motivation. Für die meisten jedoch, ist die Angst vor dem Versagen einem Hindernis gleichzusetzen. Kommt dir das bekannt vor? Natürlich, wir haben es alle bereits erlebt. Wir haben alle schon einmal Angst erlebt, wir haben alle schon einmal Angst verspürt, eine Aufgabe zu übernehmen und auszuführen, weil im Hinterkopf die Angst vor dem Scheitern mitschwang. Das können wir ändern, wir können diese Angst vor dem Versagen überwinden. Wie? Zum einen müssen wir den Gedanken, dass Versagen etwas Schlechtes ist, aus unserem Bewusstsein verdrängen. Versagen ist nichts Schlechtes, wir lernen daraus. Es ist nicht die einzige Möglichkeit, etwas zu lernen, aber es ist eine sehr effektive Methode.

Es ist nicht die Angst selbst, die wir ausblenden möchten, sondern das, was wir über das Versagen denken. Wir glauben vielleicht, dass Versagen zu Ablehnung führt, dass wir danach gebrandmarkt sind oder das wir ausgelacht werden. Aber wie oft passiert das wirklich? Nicht wirklich oft, oder?

Wenn du in in Deutschland, Österreich oder sonst wo in der westlichen Welt zur Schule gegangen bist, dann bist du wahrscheinlich von klein auf darauf trainiert worden, Angst vor dem Versagen zu haben. Und ich sage dir wieso: Beim ersten Versuch die ‚richtige' Antwort zu wissen, ist das Einzige, was belohnt wird. Die falsche Antwort zu geben, wird bestraft: Schlechte Noten, Nachhilfe, Elterngespräche.

Das Scheitern wird niemals mit Erfolg in Verbindung gebracht. Aber ist es wirklich so, dass Unternehmer in der ganzen Welt immer alles beim ersten Versuch ‚richtig machen'? Nein, ganz und gar nicht.

Wenn es darum geht, ein Unternehmen zu gründen, wird dir jeder erfolgreiche Mensch sagen, dass es darauf ankommt, einfach anzufangen, seine Vision zu verwirklichen und auch mit dem Versagen zufrieden zu sein. „Scheitern Sie schnell und oft" ist eine Redewendung, die du sicher schon einmal gehört hast.

Wurde dir in der Schule beigebracht, direkt neu zu starten, um die Dinge zu verbessern, wenn du es nicht sofort geschafft hast? Wurdest du dafür belohnt, dass du nicht zu spät gekommen bist? Prinzipiell nicht (es sei denn, du warst extrem glücklich). Viele lernen schon früh, dass sie bei einem Fehler direkt eine 6 bekommen - mit allen Unannehmlichkeiten, die damit verbunden sind.

Das bedeutet, dass du bis zu deinem 18. Lebensjahr sehr effektiv darauf vorbereitet wurdest, Angst vor dem Versagen zu haben. Du bist mit Sicherheit nicht darauf getrimmt worden, das Versagen als Motivation zu sehen.

Wenn du 12 Jahre zur Schule gegangen bist, bedeutet das, dass du darauf ‚trainiert' worden bist, das Versagen zu fürchten. Nicht ein Jahr, nicht zwei Jahre, sondern für ganze 12 Jahre.

Viele Psychologen haben festgestellt, dass die eigentliche Angst vor dem Versagen in der Angst vor der Scham begründet ist. Das eigentliche Versagen, wie zum Beispiel eine Universitätsprüfung nicht zu bestehen, ist nicht das Problem. Es ist das Gefühl, zurecht versagt zu haben. Menschen möchten dieser schmerzhaften Erfahrung aus dem Weg gehen, also manipulieren sie sich selbst, indem Sie keine Risiken eingehen.

Versuchen und Versagen bestätigt das, was sie ohnehin schon fürchten – nämlich, dass man nicht schlau genug, nicht talentiert genug ist oder nicht genug geliebt wird. Die Angst diese Vorstellung Wirklichkeit werden zu lassen, ist stärker, als den eigenen Traum zu leben. Das zeigt uns, wie stark das Gefühl der Scham sein kann.

Meine zweite Unternehmensgründung hat mich eine weitere wichtige Lektion gelehrt: Man darf nie zulassen, dass sich jemand in die Führung deines Unternehmens einmischt. Bei mir war es meine Ehefrau.

Ich hatte eine Menge Geld in der Werbung verdient, als ich beschloss nebenbei ins Dessous-Geschäft einzusteigen. Ich gründete eine Firma: International Loving Fashion und schaffte es allein mit der Werbung für meine Dessous viel Geld zu verdienen:

Ich habe sowohl meinen Katalog als auch mein Werbe- Video an Interessenten verkauft. Es war ein vielbestauntes Paradox in der Branche: Werbung, die sich nicht nur selbst finanziert, sondern schon Geld bringt. Der Verkauf der Dessous kam als Sahnehäubchen noch obendrauf.

Meine Frau war der Meinung, dass das Geschäft nicht seriös genug war, und wollte nach der Geburt unseres Sohnes nicht mehr mitmachen. Sie riet mir immer wieder davon ab.

Fünf Jahre nach Gründung habe habe ich das Unternehmen verkauft.

Es ist erstaunlich, wie wir manchmal von anderen kontrolliert werden, nicht nur physisch, sondern auch emotional.

Was ist die eine Sache, die du tun wolltest, aber nie getan hast, weil deine Mitmenschen dich nicht ernst genommen haben?

Solange wir minderjährig sind, sagen unsere Eltern uns genau, was richtig und was falsch ist, oder was mir machen oder nicht machen sollen. Wenn wir älter und erwachsener werden, sollten wir in der Lage sein, selbst zu entscheiden, wie wir unser Leben gestalten wollen. Das ist so weit richtig, aber wenn wir älter werden, haben wir Angst etwas zu verändern, und manchmal fragen wir andere um Rat. Es fühlt sich sicher an, andere Menschen zu fragen, ob wir etwas machen sollen oder nicht. Aber es kann uns enttäuschen und herunterziehen.

Nach dem Verkauf meines zweiten Unternehmens war es sehr schmerzhaft zu erfahren, dass mein Nachfolger sehr viel mehr Gewinn mit meiner Idee erzielt hat.

Ja, ich habe auch viel Geld damit verdient, aber jetzt ging um viele, viele Millionen, denn nach der Wiedervereinigung in Deutschland begann dieses Geschäft zu boomen. Alleine von dem Video, dessen Rechte ich mir zurückbehielt konnte ich 3 Millionen Stück über verschiedene Anbieter verkaufen. Es wird mir schwindlig, wenn ich an den Boom in der Dessous Branche denke. Ich habe eine falsche Entscheidung getroffen, weil meine Frau mich mit ihrer Fehleinschätzung beeinflussen konnte. Genau der Punkt bringt mich zu meinem nächsten Argument...

Angst kann sich störend auf unseren Fortschritt als Unternehmer, leitender Angestellter oder CEO auswirken.

Wir alle tragen ein gewisses Level an Angst in uns, also die gute Nachricht ist: Wir sind nicht allein! Die noch bessere Nachricht ist, dass, wenn du gelernt hast, deine Angst zu kontrollieren, du über eine deiner wichtigsten Fähigkeiten frei verfügen kannst: die Fähigkeit selbst zu entscheiden!

Die Angst kann in drei unterschiedliche Segmente geteilt werden: Die Angst zu versagen, die Angst vor Kritik und die Angst vor dem Unbekannten. Auch wenn ein Segment bereits reicht, dich zu stoppen, ist es meistens eine Kombination aller drei Segmente, die uns die größten Probleme bereitet. Wenn wir genauer hinschauen, sehen wir, was die Angst wirklich ist. Ein imaginärer Störfaktor für unseren Erfolg.

Es ist vollkommen normal, dass wir etwas wollen, aber meistens keinen Versuch unternehmen, dieses Unterfangen umzusetzen. Wieso? Schauen wir auf die Angst zu versagen. Wieso? Wir verlieren oft die Perspektive, was es wirklich bedeutet zu versagen. Durch das Scheitern bekommen wir die Möglichkeit, neues zu lernen und zu wachsen. In anderen Worten, scheitern heißt lernen. Der Punkt ist, ohne Versagen gibt es keinen Fortschritt. Wenn du aufhörst zu scheitern, hörst du auf, zu lernen. Das Scheitern ist ein wichtiger Schritt zum Erfolg, wenn man es als Möglichkeit ansieht etwas Neues zu lernen, seinen Horizont zu erweitern.

Die Angst vor Kritik
Nehmen wir an, Lucy ist eine Verkäuferin und fragt ihren Kunden, ob er den Artikel kaufen möchte. Der Kunde verneint,

was lediglich bedeutet, dass Lucy das Produkt nicht verkaufen konnte. Jedes Mal, wenn das passiert, denkt Lucy, dass Sie abgelehnt wurde, und nicht das Produkt. Immer wenn das passiert, denkt Lucy, dass Sie nicht gut genug ist, dass ihre Kollegen bessere Verkäufer sind als sie. Infolgedessen hört Sie auf, auf die Kunden im Geschäft zuzugehen, aus Angst wieder abgelehnt zu werden. In diesem Moment sollte Lucy, wie jeder andere Verkäufer in derselben Situation auch, die Perspektive wechseln. Sie muss realisieren, dass ihr eigener Wert als Person nicht zur Debatte steht, sondern nur das zu verkaufende Produkt.

Angst vor dem Unbekannten
Oft ist das Verlangen nach Sicherheit der Grund, weshalb wir Angst in den Momenten verspüren, wo wir uns unsicher sind. Die Angst, nicht zu wissen was passiert, hält uns davon ab, die Dinge zu tun, die uns das ermöglichen, was wir möchten.

Besiege die Angst
Jeder einzelne Typ von Angst kann uns von unserem persönlichen Erfolg und Wachstum abhalten. Es ist also wichtig sich klarzumachen, dass jeder von uns Angst in sich trägt. Die Angst kann unser Leben nur bestimmen, wenn wir es ihr erlauben. Wenn man Kontrolle über die Angst gewinnt, erlebt man eine seiner größten Kräfte. Die Kraft zu entscheiden. Ängste sind Gedanken. Dadurch, dass du in der Lage bist, deine eigenen Gedanken zu kontrollieren, kannst du die ängstlichen Gedanken gegen positive Visionen oder realistische Erwartungen austauschen.

Wie überwindet man die Angst vor dem Versagen?
Erfahrungen aus der Vergangenheit beeinflussen oft unsere Ängste in der Zukunft. Wir dürfen unseren Ängsten nicht

gestatten, uns zu lähmen. Die Erfahrungen sollten ein Lernprozess sein, der es uns ermöglicht, besser zu werden. Wir müssen verstehen, dass jede erfolgreiche Person an irgendeinem Punkt in ihrem Leben gescheitert ist. Hätte diese Person damals nicht versagt, wäre sie heute nicht da, wo sie jetzt ist. Wir müssen uns unser Scheitern zunutze machen, anstatt dass wir ihm erlauben, uns davon abzuhalten, unsere Träume zu verwirklichen.

Ein weiterer Punkt ist mangelndes Selbstbewusstsein – das allein kann dich bereits zurückwerfen. Menschen mit Selbstbewusstsein haben keine Angst davor zu versagen, weil sie wissen, dass sie trotzdem alles schaffen werden, egal was passiert, egal was ihnen in den Weg gestellt wird. Erfolgreiche Menschen lassen sich nicht von ein paar Stolpersteinen verunsichern. Meistens haben sie eine positive Einstellung zum Leben. Sie lassen es nicht zu, dass ihnen irgendetwas in den Weg kommt und sie von ihrem Weg zum Ziel ablenkt. Weder andere Menschen noch andere Bedingungen halten sie von der Verfolgung ihrer Ziele ab. Das bringt mich zu meinem nächsten Punkt, nämlich wie du dich mit anderen Personen vergleichst und die Angst, was andere Menschen über dich denken.

Wir sollten uns nicht permanent mit anderen vergleichen und uns darum kümmern, wie andere über uns denken. Das sorgt nur dafür, dass wir uns gestresst fühlen. Wir versuchen oft, so zu leben wie andere Menschen, dabei vergessen wir, unser eigenes Leben zu leben. Es ist wichtig, dass wir für uns selbst entscheiden, was Erfolg wirklich bedeutet, sodass wir nicht nur auf andere schauen und uns selbst dabei vergessen.

Es ist wirklich egal, was andere über dich denken und sagen. Das einzig wichtige ist, dass du glücklich und zufrieden bist mit dem, was du machst. Gehe deinen eigenen Weg und finde deine eigenen Grenzen basierend auf dem, was du für richtig empfindest, egal was andere denken, fühlen oder sagen.

Sagst du Nein zu dem, was du sein willst?
Wir alle wissen, dass Thomas Edison die Glühbirne erfunden hat.

Wusstest du, dass er auch den Börsenticker, den elektronischen Stimmrekorder, den automatischen Telegrafen, die elektrische Sicherheitsbergmannslampe, Leuchtstofflampen, die Kamera und den Phonographen erfunden hat?

Während er mit der Glühbirne Probleme hatte, sagte er: „Ich bin nicht gescheitert. Ich habe 10.000 Wege entdeckt, die nicht funktioniert haben. Ich werde den Weg finden, der funktioniert." Aus dem Buch „Die Kraft des Wartens"," von M.J. Ryan.

- Hast du Angst vor dem Scheitern?
- Hast du Angst davor, einen Fehler zu machen?
- Erwartest du immer das schlechteste? Oder das beste?

Die Angst vor dem Scheitern ist ein natürlicher Grund, weshalb Menschen zögern, JA zu sagen. Für viele Menschen ist die Bedingung, die zu einer bestimmten oder erwünschten Lösung führt, eine positive oder negative Einstellung zu einer bestimmten Situation. Es ist nur gut, wenn es so ist, wie man es sich wünscht.

Wenn du etwas tust, das nicht zu deinem Lebensmodell passt, wie kannst du es dann positiv nutzen? Ziehst du einen Mehrwert oder eine Möglichkeit aus dem Scheitern, dich selbst zu stärken?

Erfolgreich zu sein, beinhaltet immer eine Lernkurve. Das bedeutet, Fehler zu machen und mit den Entscheidungen, die du triffst, zu experimentieren, um dein Leben zu leben. Errungenschaften können als vollendeter Erfolg gesehen werden. JEDE ART von Erfolg. Ich ermutige dich, dazu bereit zu sein, das zu verstehen und es zu akzeptieren. Ich möchte dich stärken, die Initiative zu ergreifen, egal ob du es schaffst oder nicht, denn das ist bereits ein Erfolg!

Was ist mit Oprah? Schau dir an, wo sie gestartet ist und wer sie geworden ist. Sie hat sich zu einer mächtigen Frau entwickelt, weil sie Mut hatte. Sie hatte den Mut, eine neue Norm für Talkshows zu setzen und war bereit, der Welt ein überzeugendes Vorbild zu sein.

Wie sieht es mit dir aus? Bist du dieselbe Person wie vor 5 Jahren? Wenn du an dir und deinem Unternehmen arbeitest, sollte die Antwort nein sein. Selbst wenn du nicht so viel Zeit und Energie in dich selbst gesteckt hast, ist es unmöglich für immer gleich zu bleiben. Entweder geht es für uns weiter nach vorne oder nach hinten.

Wir brauchen ein Instrument, um die Zukunft und die voraussichtlichen Ergebnisse zu messen. Wir können zögern, JA zu sagen, weil wir glauben: „Wenn das in der Vergangenheit der Fall war, fürchte ich, dass es sich in der Zukunft wiederholt."

Wir haben in der Vergangenheit die Erfahrung gemacht, dass man Risiken eingehen muss und ein gewisses Maß an Sicherheit erreichen kann. Es ist unmöglich, die Vergangenheit zu wiederholen, weil wir nicht mehr dieselben sind, die wir damals waren. Es ist möglich, dass sich Strukturen von früher wiederholen, wenn du nicht an dir gearbeitet hast, um deine Zukunft zu verbessern.

Wir können uns immer irgendwelche Ausreden ausdenken, um etwas, was wir nicht machen wollen, nicht zu machen. Je mehr Argumente wir besitzen, um unser Tun zu rechtfertigen, desto besser können wir uns anderen gegenüber behaupten. Und wir können perfekt darin werden, uns selbst zu verteidigen und aus unserer Komfortzone zu gehen oder uns zurückzuziehen, wenn es schwer wird. Auch andere Leute dazu zu bringen, uns zu unterstützen, kann uns sehr stark dabei unterstützen, unser Tun oder besser gesagt unser Nicht-Tun zu verteidigen.

Bekannte Vorurteile über das Scheitern:
- Ich muss es richtig machen (also nur anfangen, wenn es perfekt werden kann).
- Ich habe nicht das, was es braucht.
- Wenn ich nein sage, werden mich die Menschen ablehnen.
- Ich habe nichts Wertvolles zu bieten.
- Wenn ich wirklich ‚Ich' bin, wird man mich nicht mögen oder lieben.
- Die Dinge entwickeln sich für mich nicht zum Guten (selbsterfüllende Erwartung?)
- Es ist zu schwer.
- Erfolg geschieht für andere, nicht für mich.

- Ich bin nicht schön genug, nicht klug genug, nicht liebenswert genug...
- Ich bin nicht gut genug.
- Ich werde nicht in der Lage sein...
- Das, was ich habe, ist genug, und ich könnte mit dem zufrieden sein, was ich habe, und will nicht mehr.

Selbsterfüllende Prophezeiungen führen dazu, dass wir noch mehr Probleme haben, wenn die Dinge nicht gut laufen. Gemäß Wikipedia wird Selbsterfüllung wie folgt definiert: „Eine Vermutung, dass etwas direkt oder indirekt sich als richtig ergeben wird". Wenn wir stark sind und Angst haben, dass etwas schief geht (z.B. unser Erfolg), dann können wir darauf wetten, dass wir unser Leben so gestalten, dass wir es schaffen. Das gibt uns die Möglichkeit, zurückzugehen und zu sagen: „Ich habe es dir gesagt!", damit wir nicht gleich „Ja" sagen müssen. Es geht um das Ausprobieren und das Scheitern, wodurch wir unser persönliches Glück und unseren eigenen Erfolg entwickeln können.

Ja, du kannst die vielen Fehler in deinem Leben vermeiden, indem du deine Hausaufgaben machst und eine solide Strategie entwickelst, die du umsetzen kannst. Vergiss nicht, dass du mit dem besten Plan, der auch die Vorwegnahme von Problemen einschließt, nicht zufrieden sein kannst, denn er würde dir das Unerwartete bringen. Indem du deine Erfolgs- und Zukunftsaussichten miteinbeziehst, wirst du dich besser aufstellen. Du wirst weiter in Richtung deines Ziels gehen.

Dinge zu bekommen, die man eigentlich gar nicht haben möchte, hilft einem, sich bewusst zu machen, was man eigentlich will. So wird dein Ehrgeiz, deine Träume zu verwirklichen, nochmal verstärkt.

Um dein Wissen über das Scheitern zu ergründen, solltest du die folgenden zwölf Fragen beantworten. Nimm dir Zeit, um sie zu beantworten: Was ist deine Definition von Scheitern?

- Was bedeutet Scheitern für dich? Wie sieht es aus? Wie fühlt es sich an?

- Welche Ängste, Sorgen oder Vorurteile hast du bezüglich des Scheiterns?

- Wie beeinflussen dich deine Ängste? Halten sie dich von deinen Plänen ab? Motivieren sie dich? Es gibt Leute, die ihre Ängste benutzen, um Barrieren zu überwinden und ihr Leben dadurch verbessern.

- Kann es sein, dass deine Definition von Angst falsch ist? Selbst wenn du dich dazu entschieden hast, diese zu überwinden?

- Wenn du bei etwas scheiterst, macht dich das direkt zum Versager?

- Welche Erfahrungen bringst du mit einem Misserfolg in Verbindung?

- Kann es Erfolg im Scheitern geben? (Denk an Thomas Edisons Zitat!) Kann es sein, dass jedes Scheitern in deinem Leben in Wahrheit ein Erfolg war?

- Machst du dir dein Scheitern zu deinem Vorteil? Oder machst du dich damit runter?

- Wenn du früheres Versagen als gute Sache ansiehst, welchen Mehrwert hast du aus deinem Scheitern bereits gezogen?

- Wenn du nicht versagen könntest, was würdest du tun? Wer würdest du sein?

- Würdest du JA sagen zu der Person, die du sein könntest?

Wir sind alle nur Menschen! Wir agieren und reagieren, machen Dinge auch mal falsch oder eben sehr gut!

Jede Situation öffnet uns neue Möglichkeiten, um uns zu verbessern. Schaue nach dem Guten in jeder Erfahrung, die du machst, in jeder Herausforderung, denn diese sorgen dafür, dass du mehr schaffst, als du kannst. Besonders dann, wenn es nicht geplant ist.

- Gehe das Leben mit mehr Selbstliebe und Mitgefühl an, jedes Mal, wenn du dich selbst schlecht redest.

- Versuche dich durch die Augen der Liebe zu sehen (wenn du nicht ohnehin schon dort angekommen bist!). Immer wenn du dich selbst schlecht fühlst, versuche dich zu erinnern, vergib dir, und nutze die Erfahrung als Möglichkeit zu heilen und zu wachsen.

- Nimm dich selbst nicht zu ernst. Versuche auch einmal über dich selbst zu lachen und Spaß zu haben!

Die Angst vor dem Erfolg und die Angst vor dem Versagen sind zwei verschiedene Seiten derselben Erfahrung. Laut Definition wird Erfolg und auch das Scheitern aus verschiedenen Blickwinkeln angesehen.

Beides resultiert in neuen Möglichkeiten, sich selbst besser kennenzulernen und zu verändern. Es ist der Prozess des Schaffens und des Scheiterns, der uns mehr darüber offenbart, wer wir sind. Wir habe einzigartige Talente, erlernen Fähigkeiten und machen das Beste, um uns selbst zum Strahlen zu bringen.

Lektion

Lass die Angst dich nicht davon abhalten, Risiken einzugehen.
Wenn du es schaffst, bist du weise - wenn du scheiterst, kannst du etwas Neues lernen.

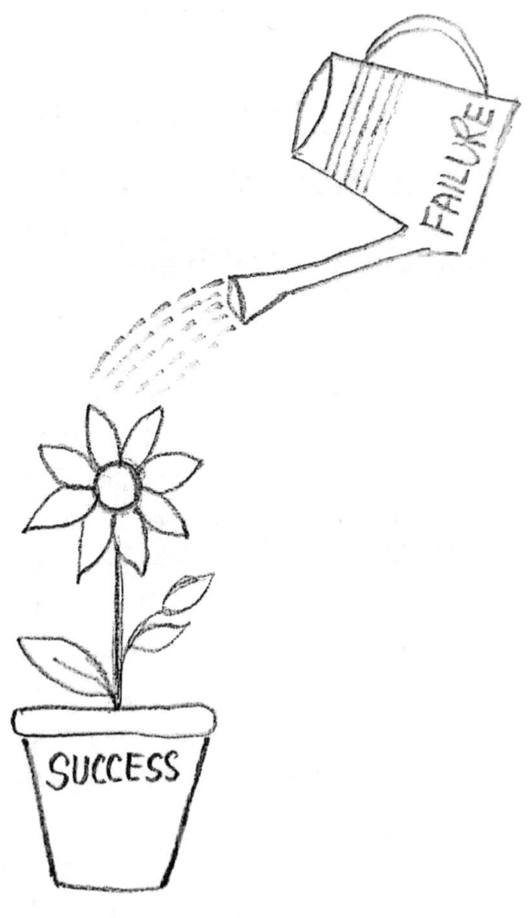

FAILURE
SUCCESS

3

Die Wahrnehmung des Scheiterns in der westlichen Welt

Einer der wesentlichen Unterschiede zwischen der Europäischen Union und den USA ist die jeweilige Herangehensweise an das Thema ‚Scheitern'. Die USA sind bekannt für ihre Toleranz, wenn es um das Scheitern geht. Die Herangehensweise ist im Prinzip immer gleich: Versuche es erneut, versuche es härter, denn der einzige Verlierer ist der, der aufhört. Im Silicon Valley heißt es "Versage oft, und versage schnell", und das politische Prinzip dahinter ist, dass lieber früh etwas falsch gemacht wird, damit man daraus lernen kann und seine zukünftigen Versuche somit verbessert.

Auf der anderen Seite wird das ‚Unternehmertum' in der europäischen Geschichte eher heruntergeredet, und es wird gesagt, dass es meistens im Scheitern endet. Scheitern ist sich schämen, daher sollte man lieber mit bereits großen Unternehmen zusammenarbeiten, um für seine Zukunft sorgen zu können. Die soziale Sicherheit wird viel höhergestellt, als die eigene Unternehmerschaft, in der man nicht mit allen zusammen auf demselben Level sein kann. Der europäischen Start-Up Branche werden viel mehr bürokratische Stolpersteine in den Weg gelegt als der Start-Up Branche in den USA, weshalb es in Europa schwieriger ist, etwas Eigenes zu gründen. Wieso sollte man also gründen? Als europäischer Unternehmer blickt man mit Neid auf die USA, wo schauen wo es so viel weniger. Regeln gibt, wodurch alles viel einfacher wird.

In Europa wird das Scheitern also als etwas Negatives angesehen. Es wird als etwas Schlimmes dargestellt, nach Möglichkeit verheimlicht und – wenn das nicht funktioniert, wird man mit Häme überschüttet. Aber auch in Europa kann es Veränderung geben und auch Europäer denken vielleicht nicht mehr so über das Scheitern. Die Arbeitsmarktlage ist lethargisch, mit bis zu 10 % Arbeitslosigkeit und einem Anstieg der Arbeitslosigkeit auf 20 Millionen in der EU-28. Einer der Gründe dafür ist, dass die traditionelle Ökonomie von neuen Formen der Technologie überholt wird, die eine ständige Erneuerung erfordern, und zusätzlich leidet der Arbeitsmarkt unter Abbau von Arbeitsplätzen seit der Finanzkrise. Aber es ist möglich, dass durch die reduzierten Chancen am Arbeitsmarkt für immer mehr Menschen die Möglichkeit besteht, ein eigenes Unternehmen zu gründen. Man könnte auch sagen, dass immer mehr Menschen gezwungen werden, sich selbstständig zu machen. Daher wäre es um einiges besser, wenn die Stolpersteine zur Unternehmensgründung in Europa aus dem Weg geräumt werden würden. Aber was bedeutet das jetzt für die Kultur des Scheiterns in Europa?

Es gibt Anzeichen dafür, dass Europas Einstellung sich ändern wird, angefangen bei den unglaublich hohen Zahlen von neuen Start-Ups in den letzten Jahren. Vor diesem Hintergrund betrachtet, hat Negativität nun mehr mit der Ungewissheit zu tun, die sich vor uns ausbreitet, als mit der Idee des Unternehmertums selbst. Trotzdem sind einige Herausforderungen zu meistern: Menschen zögern, weil Sie in einem unsicheren ökonomischen Umfeld Angst haben, den falschen Karriereweg einzuschlagen, da es weiterhin einen Mangel an individueller Intellektualität in dem Start-Up Bereich gibt im Vergleich zu der USA. Ein anderes Problem ist die Kapitalbeschaffung, welche auf einem verzweigten Ökosystem basiert.

Des Weiteren gibt es eine Ungleichheit in Bezug auf "scheitere oft, und scheitere schnell". Dieses ist die tatsächliche Situation vieler amerikanischer Unternehmer. Unternehmern, bei denen das Scheitern ein Ergebnis sein kann, welches man erkennt, bevor es zu spät ist, und bei denen das Scheitern eine Zeitspanne von Tagen, wenn nicht Stunden, haben kann. Nur weil man sein Unternehmen im Silicon Valley gegründet hat, heißt es noch lange nicht, dass ein Unternehmen auch erfolgreich wird. Gerade für europäische Gründer, welche deutlich mehr Probleme und Schwierigkeiten haben als Gründer in den USA.

Die besten Lügen sind die, welche ein bisschen Wahrheit beinhalten. „Scheitere oft, und scheitere schnell" scheint eine einfache Anleitung zu einem garantierten Erfolg zu sein, da viele Menschen das bereits vorgelebt haben. Also, das Scheitern ist unumgänglich, und es ist nötig, da es ein sehr wichtiger Teil von jeder Erfahrung ist, nicht nur im Unternehmertum.

Die Vorteile des Scheiterns sollten mehr als unumgänglicher Weg zum Erfolg angesehen werden, anstatt das Scheitern als niemals aufhörende Lehre abzustrafen, welches höchstens zu einer Sammlung an kleinen Erfolgen auf dem Weg führt.

Es ist doch klar, Unternehmertum kann immer erfolgreich sein, solange man so viel Erfahrung wie möglich nutzt, welches unser Recht ist, und was nicht aus dem Geschäftsgebaren des Silicon Valley fußt. Genau hier können die Europäer glänzen:

Wenn man die große Vielfalt der Nationen, Kulturen, Ausbildungen und Fähigkeiten in Europa betrachtet, erkennt man das immer größer werdende Unternehmertum, das sich als eine freie Bewegung quer durch die Länder zieht. Es ist praktisch eine ökonomische Goldmine. Europäische Start-Ups sind in einer besonderen Position, da sie so viele unterschiedliche Personen mit ihren verschiedensten Fähigkeiten unter einen Hut bringen können. Dies ermöglicht eine natürliche Anpassung an den Ratschlag „Scheitere oft, scheitere schnell", welcher durch die verschiedenen Fähigkeiten der Menschen ausgeglichen wird, wodurch viel mehr Ideen geschaffen werden. Wenn man das Ganze so sieht, ist die Negativität, die wir hier in Europa mit Unternehmertum verbinden, nur eine Art zu sagen, dass man ausgeschlossen wird.

Lektion

Du darfst nicht zulassen, dass die Wahrnehmung des Scheiterns in der Welt auf dich abfärbt. Du musst lernen, dir dein eigenes Glück und deine eigenen Chancen zu schaffen, die deinen Erfolg ermöglichen.

4

Was bringt Menschen zum Aufgeben?

Wieso hören Menschen auf, geben sich selbst auf oder schmeißen einfach das Handtuch hin? Gibt es einen Zeitpunkt, an dem es Sinn macht, aufzuhören? Gibt es irgendwelche Vorteile, wenn man etwas aufgibt? Worin liegen die Vorteile, wenn man stark bleibt und eine Spur im Sand hinterlässt? Hier sind meine Antworten auf die vier Fragen:

Wieso hören Menschen auf, geben sich selbst auf oder schmeißen einfach das Handtuch hin? Naja, vielleicht hätten sie niemals anfangen sollen. Vielleicht war Aufhören nur ein anderer Weg für nicht wirklich durchzustarten. Ich denke, einer der Hauptgründe dafür, dass Menschen ihren Job, ihre Karriere, eine Aufgabe etc. hinwerfen, ist, weil sie nicht mehr daran glauben, dass es überhaupt noch besser oder einfacher wird. Ja, einige Leute verlieren das Interesse, einige Leute glauben, sie verdienen Erfolg, egal was sie machen oder eben auch nicht machen. Trotzdem, ich bin hier, um dir zu sagen, dass das Leben ein neutraler Richter ist. Es hilft nur den Braven, Starken und Liebenden. Natürlich gibt es immer einige Ausreißer, die trotzdem alles schaffen, aber überleg mal, glaubst du wirklich, dass ihr Erfolg sie langfristig glücklich macht? Gibt es ihnen den Frieden, den Sie haben wollen?

Gibt es den richtigen Zeitpunkt, um aufzugeben? Ja. Ich habe in den letzten Jahren viele Projekte aufgegeben, viele Ziele bewusst nicht erreicht, weil es einfach keinen Sinn mehr gemacht hat, weiterzumachen.

Ein Beispiel eines solchen Projekts begann damit, dass eine Gruppe von Spezialisten für Pharma-Marketing zu mir gekommen war und gefragt hatte, ob ich Interesse hätte, mit ihnen zusammenzuarbeiten.

Das Ziel bestand darin, eine pharmazeutische Marketing-Firma zu gründen. Die Ausrichtung sollte international sein, also nicht gerade ein kleiner Plan.

Das von uns gegründete Unternehmen war von Tag eins an erfolgreich. Wir haben im Auftrag internationaler Pharmafirmen „Marketing in der Arztpraxis"" trainiert und viele medizinische Fachkräfte ausgebildet, mit vielen Universitäten kooperiert und haben Professoren als Lehrer und Trainer eingestellt. (Beispielsweise hat der Rektor der Münchener Marketing-Universität mit uns zusammengearbeitet).

Wir haben es ebenfalls geschafft, ein Produkt gemeinsam mit einem US-Partner für eine der größten Schweizer pharmazeutischen Unternehmen zu entwickeln und einen millionenschweren Beschaffungs-und Marketingvertrag zu erhalten.

Unglücklicherweise ist die Geschichte schnell zu Ende erzählt. Es kam zu einem Wechsel im Management unserer drei größten Kunden.

Laufende Programme wurden gestoppt und wir mussten unsere Ausgaben kürzen. Es war alles sehr schnell vorbei. Wir mussten viele Leute enttäuschen.

Ich habe viel in das Unternehmen investiert, aber es hat sich einfach nicht gelohnt.

Der Schlüssel ist es, nicht schnell und einfach aufzugeben, sondern erst, nachdem du die Gründe des Scheiterns analysiert hast. Es gibt keinen Grund in einer toxischen Beziehung oder einer Karriere zu verweilen, die dich unglücklich macht. Es macht dich krank und unglücklich. Gehe weiter, nehme es auf die lockere Schulter und ärgere dich nicht darüber.

Gibt es denn auch Vorteile aufzuhören oder aufzugeben? Ja, aber nur wenn du von deinem Scheitern lernst. Nur wenn du die Erkenntnis in dein nächstes Ziel mitnimmst, kann es auch ein Vorteil sein, früher aufzuhören oder aufzugeben.

Und worin liegt der Vorteil, stark zu bleiben und eine Spur im Sand zu hinterlassen? Das empfehle ich dir wirklich nur, wenn du all dein Herz und all deine Liebe in dein Projekt steckst. Dass du nicht damit aufhörst, egal was kommt. Es interessiert nicht, ob es dein ganzes Leben lang dauert, es wird dich am Ende unfassbar glücklich machen, stark geblieben zu sein und nicht aufgegeben zu haben. Wenn es wirklich dein Traum ist, wenn du glücklich damit bist, wenn dich andere dabei unterstützen, dann bleibe dabei. Gib nicht auf! Lass alle Stolpersteine fallen und folge deiner Vision.

Getrieben von meinem früheren Erfolg in der Modebranche, hatte ich mich dazu entschieden, meine eigene Modekollektion zu gestalten. Meine Idee war, Unterwäsche in schöne und ausgehfähige Outfits für Frauen zu transformieren, welche sie in Clubs oder auf Partys tragen können.

Ich habe mich getraut und begonnen erste Entwürfe zu zeichnen. Ich habe kurz darauf ein Unternehmen gefunden, welches bereit war eine Kollektion nach meinen Wünschen herzustellen. Das hat nun dazu geführt, dass ich meine Kollektion auf der bekanntesten Messe der Fashion Industrie in Europa ausgestellt habe, der IGEDO in Düsseldorf.

Mein Messestand wurde ein Riesenerfolg auf der Fashion Fair und ich erhielt Bestellungen aus ganz Europa. Es wurden mehr als 5000 Teile geordert!

Ich hatte leider nicht sehr viel Wissen über die Produktion oder die internationalen Regeln für den Im- und Export von Waren. Ich bekam große Angst, weshalb ich regelrecht kopflos wurde und das Unternehmen an Triumph International verkauft habe.

Das ist ein gutes Beispiel für meine nächste Lektion über die Angst vor dem Unbekannten.

Die Angst selbst kann als Endergebnis einer mangelnden Erfahrung angesehen werden. Mit anderen Worten, Angst bedeutet, dass wir uns selbst nicht vertrauen, mit der Situation klarzukommen, womit wir die Angst identifizieren. Nimm dir einen Moment und reflektiere dein eigenes Leben mit all den Dingen, vor denen du Angst hast. Mit wie vielen hast du schon Erfahrungen gemacht? Du magst vielleicht viel Erfahrung darin haben, Angst vor etwas Unbekanntem zu haben, aber es ist unwahrscheinlich, dass du viele Erfahrungen gemacht hast, wie du wirklich dagegen ankommst.

Die Angst vor dem Unbekannten geht noch diesen einen Schritt weiter, indem Sie uns vor allen Dingen zurückschrecken lässt, in denen wir noch keine Erfahrungen gesammelt haben. Da die meisten von uns nur echte Erkenntnisse aus einer kleinen Anzahl von Dingen und Erfahrungen haben. Das erlaubt der Angst, sehr sehr groß zu werden. Und, da das zu viele einzelne Baustellen wären, worum man sich kümmern müsste, verbindet unser Gehirn ALLES zu einer GROSSEN Angst. Es ist diese ‚allgemeine Angst‘, mit der wir klarkommen müssen, wenn wir weniger Angst haben wollen, oder weniger Angst vor dem Unbekannten haben möchten.

Unglücklicherweise fällt es uns schwer, die Angst mit speziellen Dingen oder Situationen zu verbinden, weil die Angst in eine große ‚allgemeine Angst‘ gewandelt wurde. Normalerweise sammeln wir mehr Erfahrungen über die Dinge, worüber wir Angst haben, wenn wir gegen eine Angst antreten. Wenn wir zum Beispiel Angst vor einer Schlange haben, könnten wir damit anfangen, uns eine Schlange vorzustellen, bis wir irgendwann sogar eine Gummischlange anfassen können. Zu guter Letzt schaffen wir es dann, auch eine echte Schlange zu berühren, wenn wir nur genug Erfahrung gesammelt haben. Leider verbindet unser Gehirn jedoch die Angst nicht mit alltäglichen Gegenständen. Wir können also nicht einfach so daran arbeiten, unsere Ängste loszuwerden.

Während es technisch gesehen möglich wäre, mit ‚unbekannte Dingen' zu kämpfen, da wir es ja mit einer unbekannten Angst zu tun haben, wäre jedoch jede Sache, die wir benutzen so, als hätte sie keine bis wenig Bedeutung, weil wir keine Angst vor "Dingen" haben, sondern davor, dass wir nicht in der Lage sind, mit unserer Angst klarzukommen. Dennoch zeigt uns dieser Mechanismus tatsächlich, was wir machen müssen, um mit dieser ‚Angst vor dem Unbekannten' klarzukommen – wir müssen uns selbst beibringen, dass wir mit allen Dingen klarkommen.

Allgemein gesagt, ist es die Fähigkeit, in der Lage zu sein, mit allen Dingen klarzukommen. Wir müssen nicht zwingend mit unseren Problemen klarkommen, sondern wir brauchen nur die Möglichkeit, es zu versuchen. Genau das müssen wir in unserem Leben verbessern, wenn wir in der Lage sein wollen, gegen unsere Ängste anzukommen. Sobald wir dazu in der Lage sind, müssen wir keine Angst mehr haben und sind entsprechend in der Lage, einfach mit allen Dingen klarzukommen, die uns im Weg stehen. Das bedeutet, das wir einfach keine Angst mehr vor dem haben müssen, womit wir keine Erfahrungen haben.

All das bedeutet natürlich nicht, dass wir nie wieder in unserem Leben Angst verspüren. Es gibt noch viele andere Arten von Angst als nur die ‚Allgemeine Angst' vor dem Unbekannten. Die Fähigkeit, dazu in der Lage zu sein, gegen seine Ängste anzukämpfen, wird auch alle anderen Ängste reduzieren. Also anstatt mehr Angst zu entwickeln, gib dir ein bisschen mehr Mühe, um damit klarzukommen.

Wie überwindest du die Angst vor dem Unbekannten

Hast du ständig Angst, weil du nicht weißt, was die Zukunft für dich bringt? Fürchtest du das Unbekannte? Prokrastinierst du als Resultat daraus? Fürchte nicht – ist die Lösung, gegen deine unbekannten Ängste anzukommen.

Zuallererst musst du dir vor deiner Reise in das Unbekannte keine Sorgen machen. Es reichen bereits kleine Schritte, die dich jeden Tag deinem Ziel näherbringen. Es müssen keine großen Schritte sein, starte klein und langsam.

Wenn du an dem Punkt angekommen bist, an dem du deine Komfortzone verlässt, und dich in das unbekannte Gebiet begibst, sage zu dir selbst: Ich kann es, auch während ich dabei bin, herausfinden. Ich muss noch nicht alles im Vorfeld wissen. Sage dir das immer und immer wieder, an jedem einzelnen Tag bis zu dem Tag, an dem du wirklich anfängst, es zu glauben. Das Leben wird einfacher und du bist aufmerksamer und besser vorbereitet.

Du überwindest deine Angst vor dem Unbekannten, indem du die eine große Angst in deinem Leben erfolgreich überwindest, nämlich die Angst vor dem Tod. Wenn du es schaffst, diese Angst zu überwinden, wirst du nie wieder in deinem Leben Angst haben.

Also, wie überwindest du die Angst vor dem Tod? Indem du einfach alles machst, was dir in den Weg kommt, ohne in irgendeiner Weise zu zögern oder es zu überdenken. Mache es, koste es, was es wolle, und du wirst sehr oft als Gewinner rausgehen. Natürlich wird das nicht immer der Fall sein. Du wirst verstehen, was es bedeutet zu scheitern, und du fängst direkt wieder von vorne an.

Das sorgt dafür, das du mehr Selbstbewusstsein bekommst. Ja, du musst es schaffen Selbstbewusstsein auszubilden. Du musst in dich und dein Handeln vertrauen und damit experimentieren. Versuchen und Scheitern, immer und immer wieder. Wenn du ab einem gewissen Punkt weißt, wie etwas funktioniert, wird alles von allein kommen. Es ist dein Wille und deine Passion, die dir deinen Weg zeigen werden. Am Anfang wird es nur hier und da funktionieren, aber am Ende wirst du entscheiden können, wie oder was passiert.

Du must dich immer und immer wieder selbst fragen: Habe ich meine heutigen Ziele erreicht? Gab es einen einfacheren Weg, es zu machen? Habe ich die passenden Fähigkeiten? Wie kann ich meine Fähigkeiten verbessern? Hilft es mir? Hilft es anderen?

Sobald du mit den Fragen geübt und alle Antworten gefunden hast, kannst du das angehen, was nötig ist, um weiterzumachen. Wer kann dich schon aufhalten? Deine Angst vor dem Unbekannten verschwindet dadurch, dass du dich in deinem Spezialgebiet richtig gut auskennst.

Allerdings ist das noch nicht das Ende. Um heutzutage am Ball zu bleiben, musst du immer „Up-to-Date" bleiben, Recherchen anstellen und am Ende des Tages einfach nur mehr lernen, wachsen und weiter agieren. So stehst du über deinen Ängsten, weshalb sie mit einem Lidschlag verschwinden.

Schon bevor du es wirklich weißt, reden andere Leute über dich und deine Produkte und kaufen sie in riesigen Mengen. Das ist der Punkt, wo du feststellst: Wow, ich habe wirklich etwas erreicht. Kann das Leben noch besser werden?

Lektion

Meistens geben Menschen aus Angst auf. Du must lernen mit der Angst umzugehen, indem du an dich selbst glaubst.

5

Was ist die Kultur des Scheiterns, und warum vermeiden wir sie?

ES gibt einen Trend in unserer Welt, dahingehend, dass es immer einfacherer ist, auf andere zu verweisen oder irgendwelche Gründe an den Haaren herbeizuziehen, um zu erklären, warum etwas nicht geklappt hat, das eigentlich unsere eigene Herausforderung wäre. Fehler offen vor z.B. Kollegen zuzugeben, ist nichts Normales mehr, einfach weil die Angst davor, kritisiert zu werden, viel größer ist, als mit dem Fehler zu leben.

Dieses generelle Verhalten, bekannt als psychologische Gefahr, überträgt sich in eine gescheiterte Kultur. Eine Kultur der Angst vor dem Versuchen. Als Konsequenz beeinflussen wir unser Umfeld und beschränken unsere eigene Kreativität und Innovation enorm.

Auf der anderen Seite ist psychologische Sicherheit ein weitverbreiteter Glaube. Sie kann als ein „In der Lage sein, sich selbst ohne Angst zu sehen ohne Angst vor negativen Folgen auf die Person oder das Selbstbild oder die Karriere zu haben" verstanden werden.

Menschen, die in so einem Umfeld arbeiten, kennen die Wichtigkeit einer Kultur des Scheiterns, des Teilens dieses Versagens und auch des positiven Einflusses auf die Projekte. Nachforschungen zeigen, dass die psychologische Sicherheit Teams erst richtig erlaubt aufzublühen. Das sorgt für ein gutes Team mit guten Ergebnissen und glücklichen Teammitgliedern.

Jeder, mit dem du arbeitest, ist menschlich. Jeder von uns wird dabei auch mal Fehler machen – wahrscheinlich sogar viele. Und jede Firma, zu der du aufgeschaut hast, arbeitet mit Menschen und macht somit auch Fehler. Aber wie diese Unternehmen auf Fehler reagieren, ist besonders wichtig.

Lass uns zunächst einmal bestimmen, was eigentlich ein angemessener Grund für ein wirkliches Versagen ist. Geld stehlen oder das Gesetz brechen, sind keine wirklichen Fehler und zählen in diesem Zusammenhang nicht. – Ein angemessener Fehler ist, wenn etwas nicht so ablief, wie du es geplant oder erhofft hast, aber beispielsweise wird das Unternehmen es verkraften können. Unangemessene Fehler sind, wenn jemand bewusst etwas gegen seinen eigenen Willen macht, zum Beispiel etwas Schlechtes für das Unternehmen, um es jemandem heimzuzahlen.

Die meisten Fehler sind tatsächlich angemessen. Leider jedoch werden sie oft so behandelt, als wären sie unangemessen – und somit inakzeptabel.

Die Konsequenzen der Nichtzulassung von angemessenen Fehlern

Durch Fehler lernen wir. Innovation entsteht oftmals aus dem Resultat des Versagens. Jedes Unternehmen, das wir kennen, baut auf seinen eigenen Fehlern auf. Die Industrie, die Technologie, wirklich alles. Niemand bekommt es beim ersten Versuch hin, ein fliegendes Auto zu bauen. Wenn wir verlangen, immer alles beim ersten Versuch zu schaffen, verringern wir die Chance, dass wir aus unseren Fehlern lernen können, was zumeist ein viel größerer Antriebsfaktor für Wachstum und Innovation ist. Angemessene Fehler zu vermeiden, wird dich viel an Erfahrung und Lektionen kosten.

Moral

Es ist einfach Teil unserer Moral auch nachvollziehbare Fehler direkt zu bestrafen. – Teams reißen auseinander oder die Zusammenarbeit wird dadurch generell geschwächt. Untersuchungen haben gezeigt, dass Stress am Arbeitsplatz viele gesundheitliche Probleme auslösen kann. Wir bekommen das Gefühl das wir „auf Leben und Tod" kämpfen müssen. Zur Arbeit zu gehen, wird plötzlich anstrengend, und kurze Zeit später, kündigen deine besten Mitarbeiter aufgrund der übermäßigen Belastung.

Die Kündigung seitens der Mitarbeiter wirkt sich auf die Moral der Beschäftigten aus. Die Studie von Grant Plans of Work hat ergeben, dass Unternehmen mit glücklichen Mitarbeitern im Vergleich zu Unternehmen ohne solche, dreimal so viel Wachstum haben. Also sollte der Unternehmer die Zufriedenheit seiner Mitarbeiter im Fokus haben.

Arbeitsabläufe

Die Arbeitsabläufe leiden darunter, dass Mitarbeiter immer und immer mehr versuchen, ihre Fehler zu verbergen. Mitarbeiter werden nicht dazu angehalten, zuzugeben, dass etwas falsch gelaufen ist. Im Gegenteil, sie versuchen ihre Fehler zu vertuschen, weil sie Angst haben, dafür bestraft zu werden und eventuell gefeuert zu werden. Mit ihrem Verhalten verlangsamen sie die Arbeitsabläufe im Unternehmen und Bringen die Prozesse schlimmstenfalls zum Stillstand.

Entscheidungen treffen

Genauso wie bei den Arbeitsabläufen, geht auch die Geschwindigkeit runter, wenn du falsche Entscheidungen triffst. Meistens ist es so, dass Bürokratie eine Antwort auf das Scheitern ist. Irgendjemand hat etwas gekauft, was er nicht hätte kaufen sollen, und jetzt müssen plötzlich alle Bestellungen zwei Unterschriften haben, damit das nicht noch einmal passiert. Dieses eine Mal, wo etwas schiefgelaufen ist,, hält jetzt den ganzen Betrieb auf. Wenn du also in der nächsten Woche etwas kaufen möchtest, das dir dabei hilft, dein Produkt schneller zu liefern, musst du erst Unterschriften hinterherjagen, anstatt direkte Ergebnisse zu sehen.

Das ist jedoch nicht nur bei Einkäufen der Fall, sondern bei allen Arten von Entscheidungen. Alle Fragen müssen vorher über diverse Hierarchien hinweg abgeklärt werden, was einfach super viel Zeit kostet.

Verlorene Innovation

Innovation braucht kreatives Denken, wofür wir wiederum Sicherheit benötigen. Innovation sollte so klingen: "Was wäre, wenn wir…" oder „Können wir das ausprobieren?" Wenn nach Erlaubnis fragen plötzlich zu anstrengend ist, und man Angst bekommt, dass man etwas Falsches macht, hören Mitarbeiter logischerweise auf zu fragen und behalten alles für sich, was die Innovation natürlich einschränkt. Wenn du keine Erlaubnis hast, zu scheitern, kannst du nur die Fragen stellen, auf die du schon die Antwort kennst. Du bist nicht mehr in der Lage mehr zu lernen, als du ohnehin schon weißt.

Kundenerfahrungen

Simon Sinek ist Autor und Experte, wenn es um Führungsrollen geht. Er erzählt uns ein Erlebnis, das er am Flugzeuggate beobachten konnte. Die Mitarbeiterin der Fluglinie behandelte einen Fluggast sehr schlecht. Der Fluggast wollte das nicht akzeptieren und fragte nach, wieso er so behandelt, wird. Daraufhin hat das Crew-Mitglied nur gesagt: „Sir, wenn Sie die Regeln nicht befolgen, kann ich Probleme bekommen und sogar meinen Job verlieren."

Simon sieht in dem Verhalten der Crew-Mitarbeiterin deutliche Anzeichen dafür, dass sie sich nicht sicher fühlt. Deswegen behandelt sie ihre Kunden so. Die Angst davor selbst zu versagen, wird zum Nachteil für den Kunden. Eine gute Kundenerfahrung basiert auf einem glücklichen Mitarbeiter, der keine Angst vor Fehlern hat. Jemand der in der Lage ist, Entscheidungen zu treffen. Nur so kann man die ultimative positive Erfahrung für den Kunden garantieren. Wenn alle sich sicher fühlen und keine Angst vor dem Scheitern haben. So kann man Vertrauen und Loyalität gegenüber seinem Kunden aufbauen.

Zwei verschiedene Konzepte des Scheiterns

Es fällt auf, dass wir verschiedene Definitionen des Versagens haben, wenn wir auf der einen Seite durch Fehler lernen und auf der anderen Seite uns selbst dadurch verbessern. Etwas falsch machen bedeutet von den Standardkriterien abzuweichen. Wir haben bereits mit Kunden gesprochen, dass ein Produkt immer die passenden Kriterien besitzen sollte. Wenn wir unser Versprechen hierbei nicht einhalten, also einen Fehler machen, würden wir dem Kunden schaden, da wir nicht das liefern können, was wir behaupten. Natürlich sollten wir dadurch lernen, damit so etwas nicht noch einmal passiert.

Auf der anderen Seite stellen wir Vermutungen für Situationen auf, in denen wir nicht wissen, wie es endet. Manchmal scheitern wir, ja, aber das heißt noch lange nicht, dass wir immer scheitern. Chirurgen bezeichne das als "postmortem smart-assing", weil man nachher immer besser Bescheid weiß als vorher. Der englische Begriff „failing forward" beschreibt das Phänomen perfekt. Das Phänomen einer Kultur des Experimentierens, wo einige Leute sich trauen, etwas Neues auszuprobieren, was eventuell zu dem gewünschten Ziel führt. Manchmal wissen wir Dinge nur, weil wir uns vorher getraut haben, sie auszuprobieren, oder weil wir Hypothesen aufgestellt haben, ohne zu wissen, wie es enden wird. Ich würde diese Hypothesen also niemals als Scheitern betrachten, oder als falsche Entscheidungen, da sie uns am Ende weiterbringen.

Drei unterscheidbare Subkulturen

Ich erkenne drei unterscheidbare Subkulturen. Die erste Subkultur, ist das Vermeiden von Fehlern mit der Einstellung

„Mache es direkt beim ersten Mal richtig" (Philip Crosby). Es baut auf genauen Plänen auf, Standarisierungen oder Disziplin, wenn es darum geht Regeln zu befolgen oder festgelegte Standards. Man handelt hierbei aus eigener und kollektiver Verantwortung.

Die zweite Subkultur ist von Experimenten geprägt, mit dem Ziel "nach vorne zu schauen oder zu scheitern" (John Maxwell). Sie macht so besonders, dass man keine Angst vor dem Experimentieren hat und wirklich seine Fehler erkennen möchte, um sich selbst zu verbessern. Diese Subkultur bildet die Basis für die Fähigkeit, Innovation zu gestalten.

Als letzte Subkultur, haben wir den Drang nach ständiger Verbesserung mit der Einstellung „Höher, schneller, weiter" (Henri Didon). Sie ist besonders, weil man analysiert, abschätzt und das Beste erreichen will.

Die Subkulturen des Scheiterns und der ständigen Verbesserung sind miteinander vergleichbar und können nebeneinander existieren. Aber die Subkultur des Experimentierens ist die einzige, die hierbei ein bisschen außen vorgelassen wird. Es ist unmöglich, zum einen zu verlangen, Fehler zu „vermeiden", und zu anderen zu verlangen „Fehler zu machen". Die ständige Verbesserung und die Innovation sind von Grund auf verschiedene Prozesse. Was bedeutet das also für Unternehmen, die generell versuchen immer alle drei Arten unter eine Decke zu bringen? Wir schaffen wir es, alle drei zu verbinden? Als erstes ist es wichtig, die drei Subkulturen wirklich zu unterscheiden und deren Definitionen richtig zu verstehen, wenn es um die Sprache und den Kontext geht. Nicht jede einzelne

Person muss alle drei Subkulturen erfüllen. Wir müssen also bei den einzelnen Kulturen genauestens unterscheiden: Menschen mit Leitungsverantwortung, Menschen, die Verbesserungen möchten und Innovatoren. Als nächstes muss man es schaffen, dass sich alle gegenseitig akzeptieren. Hierzu brauchen wir die Zustimmung der Innovatoren; die Disziplin, Regeln zu befolgen von den Leitungsverantwortlichen und die kleinen Schritte zur Lösung von den Menschen mit Wunsch nach Verbesserung. All das löst noch nicht alle Probleme, aber es setzt einen ersten Startschuss hin zu einem funktionierenden Unternehmen.

Die Kunst des Scheiterns managen

Es ist unumgänglich, dass Menschen Fehler begehen. In vielen Fällen ist das Ausmaß der Fehler groß – manchmal zerstört es auch komplette Teams, verlangsamt eine Produktion oder lässt uns auf der Stelle treten. Insbesondere bei größeren Projekten passieren viele Fehler, nur dass sie deutlich schwerer zu finden sind.

Man kann auch Fehler begehen, indem man eine falsche Idee hat. Man hört nicht mit etwas auf, steckt immer und immer mehr Arbeit hinein und am Ende stellt sich heraus, dass es eigentlich kompletter Schwachsinn ist, was man da versucht hat.

Am Ende des Tages jedoch wirst du wie jeder andere auch Fehler machen. Du musst nur lernen, dir diese Fehler zunutze zu machen, um aus ihnen lernen zu können.

Die Schuldzuweisung

Wahrscheinlich hast du diese Sätze schon sehr oft gehört:

„Ich habe das schon 100 Mal gesagt, aber einige Leute machen es immer noch!"

„Na super, schon wieder 3 Monate umsonst gearbeitet."

Und mein persönlicher Favorit: „Wer übernimmt jetzt die Verantwortung?"

Wenn es daran scheitert, etwas zuzugeben und die Verantwortung zu übernehmen, dann hat deine Organisation oder deine Firma ein großes Problem. Überall wo solche Sätze auftauchen, haben wir es mit Fehlern zu tun, die uns nicht weiter nach vorne bringen.

Wenn Leute sehen, dass Fehler nicht verbessert, sondern verheimlicht werden, versuchen Sie sich gegenseitig die Schuld in die Schuhe zu schieben. Das ist wahrscheinlich nicht die freundlichste Art, aus Frustration etwas von sich zu schieben, damit können sie viel Schaden anrichten. Wenn Menschen davon ausgehen, bei jedem kleinen Fehler die Schuld zugewiesen zu bekommen, ist die Chance viel höher, dass sie versuchen ihre Fehler zu vertuschen und somit nicht aus ihnen lernen.

Solch eine Kultur ändert sich nicht mal eben so, nur weil man darüber redet. Wir müssen anfangen zu handeln und daran glauben, dass andere unseren Taten folgen werden.

Wie agile Methoden bei der Bewältigung von Fehlern hilft
Eine agile Entwicklung fokussiert sich auf Personen, deren Anpassungsfähigkeit und natürlich auf die Qualität. Dass wir

aus unseren Fehlern lernen, ist nicht nur eine Option, sondern der Hauptbestandteil der ganzen Methodik. Jeder einzelne Fehler ist eine Möglichkeit, uns anzupassen. Wir müssen jede einzelne dieser Möglichkeiten ergreifen, um den meisten Nutzen daraus zu ziehen. Wenn sie richtig behandelt, werden, können Fehler genauso wichtig sein wie ein Erfolg.

Vertrauen

Wir vertrauen darauf, dass Menschen wirklich liefern oder etwas schaffen. Das bedeutet nicht, dass wir nicht bereit sind, Fehler zu akzeptieren, sollte einer passieren, aber wir vertrauen darauf, daran zu glauben, dass wir aus unseren Fehlern lernen.

Transparenz

Transparenz ist eines der wichtigsten Parameter bei agilen Arbeitsweisen. Verantwortungen sind klar vorgegeben und der Weg zum Ziel ist genauestens geplant und für jedes Teammitglied einsehbar. Im echten Leben ist es nicht möglich, mit einem Fehler „davonzukommen", weil genug andere Menschen involviert sind, denen dieser Fehler auffällt.

Durchgehend Feedback bekommen

Den Arbeitsprozess in kleine Stücke zu unterteilen, um jeden kleinen funktionierenden Abschnitt von z.B. bei einer Software-Entwicklung zu sehen, limitiert die Möglichkeit, dass es zu einem Fehler kommt, da man wirklich Stück für Stück vorangeht.

Rückblick

Regelmäßig zu reflektieren, wie es dem ganzen Team dabei ging und wie jeder arbeitet, gibt uns die Möglichkeit, erneut von unseren Fehlern zu lernen und unseren Arbeitsprozess anzupassen. Somit sorgen wir dafür, dass eventuelle Fehler nicht wiederholt passieren!

Der bestmögliche Nutzen

Wann immer wir etwas Neues ausprobieren, oder eine neue Idee planen, ist es wichtig, dass wir uns darauf konzentrieren, den besten Nutzen aus unserem Handeln zu ziehen Indem wir es immer wieder prüfen, ob etwas funktioniert oder nicht, können wir die Kosten und/oder den Aufwand reduzieren, wenn es uns bereits sehr früh in der Entwicklung auffällt.

Wie geht man richtig mit Fehlern um?

Wenn du derjenige bist, der Schuld hat, hast du einen Fehler gemacht. Es kann sein, dass es ein banaler Fehler war. Irgendwie hast du die Zeit von jemand anderem verschwendet, oder eventuell sogar ein ganzes Team aufgehalten. Na und? Sowas passiert!

Es ist egal, ob dir selbst der Fehler aufgefallen ist, oder ob dir jemand dabei geholfen hat, zeig Verantwortung! Notiere deinen Fehler und werde bei deinem Chef vorstellig, sobald du nur irgendwie kannst! Sei ehrlich darüber, wie dir der Fehler unterlaufen ist. Aber vor allem mache dir selbst klar, wie du diesen Fehler in der Zukunft vermeiden kannst, damit dir der Fehler nicht noch einmal passiert! Das hilft nicht nur dir, denn andere können ebenfalls von deinen Fehlern und von deinen Erfahrungen profitieren.

Sei aktiv und finde Wege, wie du deine Fehler in der Zukunft schneller entdeckst. Vielleicht gibt es ein neues Werkzeug, das dich bei deiner Arbeit unterstützen kann? Versuche deinen

Fehler zu verbessern und bringe ihn in Diskussionen ein, denn eventuell kennen andere die Lösung.

Was du auf keinen Fall machen solltest, ist, die Schuld auf deine Kollegen zu laden. Ja, du hast einen Fehler gemacht, aber das Produkt hat alle anderen Hürden geschafft! Es ist also anderen nicht aufgefallen, wodurch auch sie einen Fehler begangen haben! Trotzdem macht das deinen Fehler nicht kleiner, da du ihn ja begangen hast. Lass die anderen, fokussiere dich in dem Moment auf dich und auf das, was du verbessern kannst.

Wenn du jemand anderen siehst, der die Verantwortung übernimmt, du selbst aber der Meinung bist, ebenfalls schuldig zu sein, dann versucht das Problem zusammen zu lösen.

Es wird sich lohnen. Seine eigenen Fehler zuzugeben, hilft nicht nur dir, sondern allen anderen in deinem Umfeld. Es sollte uns also nicht wundern, weshalb erfolgreiche Menschen dies immer und immer wieder tun.

Wenn du derjenige bist, der anderen alles in die Schuhe schiebt.
Du hast es geschafft und einen schwerwiegenden Fehler gefunden. Es stellt sich heraus, dass es ein Anfängerfehler war, oder noch schlimmer, da wurde etwas Offensichtliches einfach ignoriert. Du kannst dir nicht vorstellen, dass du den Fehler gemacht hast, weil du zu den 10% gehörst, die besser arbeiten als andere. Dein Tag ist somit ruiniert, weil du ihn damit verbringst den Fehler von jemand anderem zu korrigieren, anstatt etwas Nützliches zu machen.

Zuallererst gib dir ein wenig Zeit, um herunterzukommen. Versuche nun privat mit der Person zu sprechen, die den Fehler gemacht hat: Gib der Person eine Chance, selbst Verantwortung zu übernehmen und für ihren Fehler geradezustehen. Sollte sie das nicht wollen, sprich mit einem ihrer Vorgesetzten oder mit ihrem Team.

Fange gar nicht erst an, Beweise zu sammeln und einen Bericht darüber zu schreiben, warum etwas falsch gelaufen ist. Du gehst nicht zu einem Gericht. Verschwende nicht deine eigene Zeit damit, sondern erschaffe eine Arbeitsatmosphäre, in der sich andere wohlfühlen.

Während Fehler in der Vergangenheit verboten waren, gehören die heutzutage einfach dazu. Heutzutage braucht ein Produkt teilweise mehr als 2 Jahre, bis es in den Markt kommt. Es ist also in den meisten Fällen ausgereift und fehlerfrei. Um Innovation wirklich betreiben zu wollen, muss man seine Angst vor Fehlern überwinden können, anders geht es nicht.

Wieso verheimlichen wir unsere Fehlerkultur?
Jeder von uns reagiert anders auf Stress und Angst. Die einen werden durch Stress motiviert, die anderen eher paralysiert. Unsere Antworten auf solche Momente sind auch immer verschieden. Wenn wir gut weitermachen möchten, müssen wir damit klarkommen und neue Ideen entwickeln.

Menschen vermeiden jegliche Art von Taten, wenn sie vermuten, dass andere infolgedessen die Fähigkeiten dieser Person in Frage stellen. Dies stellt eine Art von Schutzverhalten dar, auch wenn es so etwas wie Teamwork eher negativ beeinflusst. Menschen, die sich psychologisch nicht sicher fühlen, werden auch keine neuen Ideen auf den Tisch legen, oder anfangen, über bereits vorhandene Probleme zu sprechen.

Wir haben Angst davor negativ von anderen gesehen zu werden, weshalb wir in den meisten Fällen kein Risiko eingehen. Eine neue Idee könnte unglaublich gut sein und den kompletten Arbeitsprozess verbessern, aber wenn wir uns nicht wohlfühlen, werden wir diese Idee nicht mit dem Team teilen. Edison hat 9999 Mal versagt, bis er die Glühbirne zum ersten Mal zum Leuchten gebracht hat. Der 1000. Versuch war der Entscheidende. Edison war allerdings damals allein, heutzutage kann man meist ein Team zurückgreifen, das dich unterstützt. Trotzdem tendieren wir dazu, uns nicht aktiv zu beteiligen und unsere Meinung zu sagen, um Risiko zu vermeiden, und damit wir nicht ausgeschlossen oder bestraft werden.

Scheitern ist der neue Status quo

Die Angst davor zu scheitern, ist tatsächlicher schlimmer als das Scheitern selbst. Das betrifft alle Aktivitäten, die man ausübt. Wir leiden mehr darunter, weil wir nicht das machen, was wir wirklich wollen, oder wenn wir etwas machen, aber dann nach der Hälfte bereits aufgeben, um mehr Leid zu verhindern. Während in Wahrheit nur das, was wir eigentlich vermeiden wollten, exponentiell vervielfacht wird: Unsere Angst. Wir denken nur darüber nach, was das Schlimmste wäre, das passieren könnte, und sehen nicht das Beste, das passieren kann.

Darüber hinaus lässt die Art und Weise, wie Selbstständige auf ihre Fehler reagieren, ihre Mitarbeiter ähnlich reagieren.

Als Selbstständiger bist du deren Vorbild. Manchmal verheimlichen wir nicht nur eine Idee, sondern motivieren unsere Mitarbeiter, dasselbe zu tun. Wir haben Angst davor, dass andere uns widersprechen und uns somit in ein schlechtes Licht stellen, entweder weil etwas nicht funktioniert oder weil es vielleicht bereits anders existiert und nicht revolutionär genug ist.

Als Unternehmer müssen wir die Angst vor der Innovation entmystifizieren, damit wir die Innovation von Anfang an annehmen können. Andernfalls bauen wir unsere Chancen ab, die wir brauchen, um wirklich etwas zu erreichen.

In einem Interview mit Harvard Professor Stefan Thomke haben die Verantwortlichen der Internetplattform Booking.com gesagt, dass sie in 9 von 10 Fällen scheitern. Deren Standard ist also das Versagen. Immer wenn man etwas Neues ausprobiert, und es vor anderen testet, ist es natürlicher zu scheitern, als dass es direkt auf Anhieb funktioniert. Natürlich möchte man nicht scheitern - wer möchte das denn - aber das ist der einzige Weg, um wirklich eine neue innovative Idee zu entwickeln. Um dies zu erreichen, musst du immer wieder betonen, dass du keine Angst vor dem Scheitern hat. Der Mitarbeiter verändert ständig die Website seines Unternehmens, aber solange es keine Statistik und Auswertung gibt, weiß keiner, was wirklich funktioniert und was nicht.

Stark zu sein bedeutet, dass man trotz der Angst in der Lage ist, etwas zu versuchen und zu verändern, und das ist viel stärker, als einfach nur Angst zu haben.

Unser Gehirn ist darauf trainiert, immer öfter NEIN als JA zu sagen. Wie wäre es, wenn wir stattdessen mehr versuchen, über das nachzudenken, das am Ende dabei herauskommt, wenn wir das Risiko eingehen.

Wenn wir Scheitern: scheitere oft, scheitere schnell.

Auch wenn es am Anfang wie ein Gegensatz aussieht, heutzutage ist es meistens deutlich einfacher schnell zu scheitern, da wir somit auf längere Sicht mehr lernen können, um unsere Arbeit zu perfektionieren. Firmen lieben es, viel zu experimentieren und zu testen und zwar so viel es nur irgendwie geht. All das geschieht in Kollaboration mit ihren Kunden, nämlich so lange, bis sie ein positives Ergebnis bekommen. Fehler sollten kein Tabu mehr sein, sondern stattdessen einfach ein wichtiger Schritt hin zur Innovation. Wir müssen mit unseren Ideen nicht 100 % zufrieden sein. Wenn es nicht funktioniert, dann fangen wir einfach mit dem nächsten Projekt an. Scheitere oft, scheitere schnell. Ein anderes Credo ist zum Beispiel „Scheitere oft, gewinne früher".

Google sagt zum Beispiel, dass Fehler drei Charakteristika haben: Sie werden gefunden, sie schaden dem Unternehmen nicht allzu sehr, und sie befähigen uns, aus ihnen zu lernen.

Erschaffe eine Kultur des lebenslangen Lernens

Wollen wir eine Kultur der Angst, oder eine Kultur des Lernens, wenn wir mit einem Team zusammenarbeiten? Um eine Kultur des lebenslangen Lernens zu entwickeln, ist es wichtig, dass wir unserem Team folgende Dinge beibringen:

- Fehler, Verzögerungen oder Änderungen sind Teil des Prozesses. Sie sind nicht zu bestrafen. Wir müssen akzeptieren, dass sie passieren werden.

- Über etwas zu sprechen, wenn eine Sache schiefläuft, ist viel wichtiger als nicht zu scheitern.

- Jemanden etwas in die Schuhe zu schieben, hilft niemandem. Eher im Gegenteil, es schadet allen beteiligten Personen, da der Innovationsprozess gestoppt wird und sich viele Menschen zukünftig nicht trauen werden, neue Ideen mit anderen zu teilen.

- Testen sollte das Hauptargument sein, denn es hilft uns beim Lernen, um am Ende etwas viel Besseres zu entwickeln, was der Kunde lieben wird. Selbst wenn es nicht funktioniert, können wir trotzdem einen Mehrwert aus unserer Erfahrung ziehen, was es uns ermöglicht, in der Zukunft besser zu arbeiten.

- Weltverändernde Innovationen brauchen Risiken, um Sie zu ermöglichen. Risiken einzugehen kann uns helfen, unser Denken zu erweitern, andere Menschen zu trainieren oder neue Fähigkeiten zu entdecken, welche uns bei unserem Weg zum Erfolg unterstützen.

Lektion

Die Fähigkeit, Risiken einzugehen, Neues auszuprobieren und sich auf neue Ideen einzulassen, ist der Schlüssel zum Erfolg.

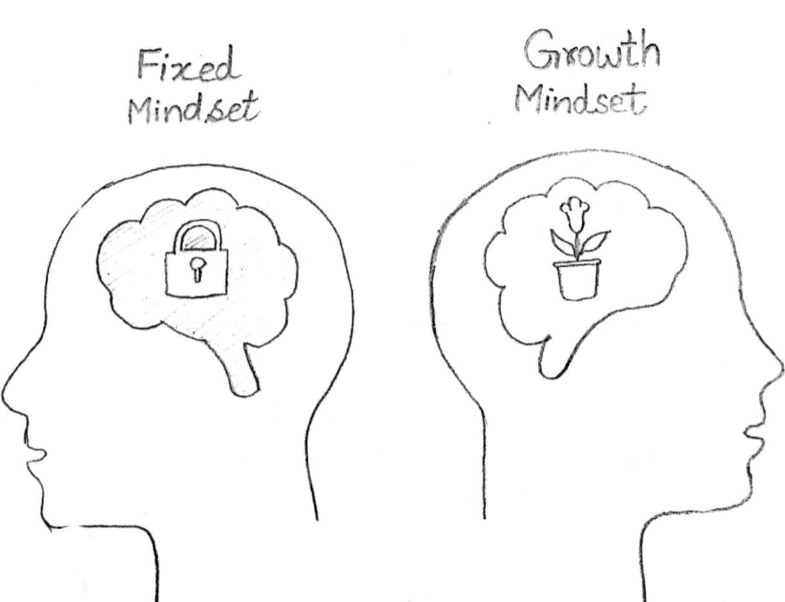

Fixed
Mindset
Growth
Mindset

My-mindguide.com

6

Warum wir eine Kultur des Scheiterns brauchen.

Eine Kultur des Scheiterns basiert auf dem Teilen von Werten, Zielen und Gewohnheiten, welche wir durch das Versuchen erlernen. Das Ziel bei der Bildung einer Kultur des Scheiterns ist es, Arbeitsschritte zu entwickeln, in denen Mitarbeiter von ihren eigenen oder von Fehlern anderer lernen können. Die Wurzeln des Prinzips liegen im Lean Management, welches oft als Basis für eine Kultur der Innovationen angesehen wird.

Anstatt Angst vor dem Versagen zu haben, denkt ein Unternehmen daran, Fehler als eine Chance anzusehen. Diese Fehler einzugestehen ist ein Teil des Lernprozesses. Jeder einzelne Versuch besitzt einen Mehrwert und ein Feedback, das wir am Ende nutzen können, um unseren Erfolg zu erreichen. Um kleine Fehler auszunutzen und sogar zu befürworten durch ständiges Versuchen, braucht ein Unternehmen Daten, um genau festzustellen, wo man etwas ändern sollte.

Jeder erfolgreiche Mensch hat mehrfach in seinem Leben einen Fehler begangen. Die Fähigkeit, aus seinen Fehlern zu lernen, muss im positiven Sinne gefördert werden. Das „Webster Dictionary" beschreibt die Ausdauer als Qualität, welche es uns erlaubt, weiterzumachen, was wir gerade machen, selbst wenn es zurzeit schwierig ist, und zwar ungeachtet dessen, was andere über uns denken.

John C. Maxwell glaubt, dass „…der Unterschied zwischen normalen Menschen und Menschen, die etwas erreichen, deren Ausdauer ist, und wie sie mit Fehlern umgehen."

Fehler und Erfolg gehören zusammen wie das Auf und Ab der Achterbahnfahrt. Beides spielt eine große Rolle in unserem Leben. Zu sagen, dass man noch nie gescheitert ist, gleicht einer Lüge. Man belügt sich damit selbst. Der Unterschied zwischen einer normalen Person und einer erfolgreichen Person ist die Art, wie sie mit ihren Fehlern umgehen.

Die strategische Verhaltensstrategie fokussiert sich auf längerfristige Ziele, und wenn diese Ziele erreichbar sind, können kleine Aussetzer das Ergebnis nicht weitreichend beeinflussen. Allerdings sollten Emotionen und das eigene Wohlbefinden keinen Effekt ausüben, denn sonst besteht die Gefahr, dass man seine Langzeitziele aus den Augen verliert.

Heutzutage gibt es viele Rückschläge in der Unternehmerwelt. Es gibt viele Rückschläge, dabei ist es egal ob man die Kontrolle besitzt oder nicht. Dennoch, der Schlüssel zu persönlichem Wohlbefinden ist die Fähigkeit, sich längerfristige Ziele zu setzen. Wenn man sich die westliche Kultur ansieht und versteht, weiß man, dass Erfolg und Versagen gleichermaßen sehr stark emotional beeinflusst werden kann. Hierfür gibt es etliche Gründe, die angeführt werden könnten.

Das extreme Gegenteil hiervon ist es, wenn man selbst in der Lage ist, neu zu starten, ohne auf seine Emotionen zu achten. Es ist sehr schwer, seine Emotionen außer Acht zu lassen, es sei denn, man schafft es wirklich, sich auf das zu fokussieren, was man falsch gemacht hat und was man daraus lernen kann.

Die Unternehmenswelt investiert viel Zeit und Energie, um strategisch auszuwerten, was für ein Unternehmensmodel sie benutzen sollte, und welches für sie am besten funktioniert.

Wir als Menschen sollten dasselbe machen. Zeit in uns investieren, um damit klarzukommen, sollte uns ein Fehler unterlaufen.

Erfolgreiche Menschen nehmen sich ständig die Zeit, sich selbst unter die Lupe zu nehmen, um zu schauen, was sie verbessern können.

Mein Vorschlag ist, dass du das nächste Mal, wenn du bei irgendetwas scheiterst, in dich hineinhörst, überlegst, was du hättest besser machen können. Und mache dir klar, was dein Handeln für Auswirkungen hat. Es ist egal ob du das allein machst, oder mit deinem Team. Nutze die Erfahrung zum Lernen. Denke immer daran, je mehr Erfolg du erlebst, desto schwieriger wird ein weiterer Erfolg sein und desto wahrscheinlicher ist ein weiterer Rückschlag.

Manchmal ist es gescheiter zu überlegen, wie du Fehler in der Zukunft vermeiden kannst, als direkt ein neues Projekt zu starten.

Wissen, wann ein Fehler unvermeidlich ist, ist wichtig, um Fehler zu vermeiden. Bereit sein, mit einem neuen Projekt zu starten, anstatt bei einem anderen auf der Stelle zu treten. Somit reduzierst du den Verlust deines Humankapitals und deiner Ressourcen.

Vor jedem neuen Projekt sollte man genügend Zeit für die Planung investieren. Diese Binsenweisheit sollte allerdings nie dazu verführen, das Projekt mit zu hohen Erwartungen zu belasten, da sich dies oft negativ auf den Implementationsprozess auswirkt

Meine Faustregel war immer: fahre auf Sicht,

immer bereit zu reagieren – und 80% sind genug.

Zu guter Letzt das wichtigste von allem: Fehler, die uns hindern unsere Ziele zu erreichen, müssen immer als etwas positives gesehen werden, und du musst es schaffen, eine Lehre daraus zu ziehen. Der Lerneffekt ist das, was uns weiterbringt. Wir müssen verstehen, wieso etwas nicht funktioniert hat, oder wo wir gescheitert sind.

Vorgesetzte müssen die Verantwortung auf sich nehmen und Fehler akzeptieren, damit eine offene Diskussionsrunde entstehen kann, welche uns und auch unser Team zum Ziel führt.

Lektion

Eine Kultur des Scheiterns zu haben, erhöht die Innovation und die Kreativität.

Du kannst anderen Leuten nicht beibringen, wie man erfolgreich ist, ohne sie vorher darauf vorzubereiten, zu scheitern und Fehler zu machen.

SUCCESS
SUCCESS
FAILED
FAILED

My-mindguide.com

7

Wie man Scheitern überwindet.

Schon seit Beginn der Menschheitsgeschichte, denken Männer ständig über alle Facetten des Lebens nach. Die Gier nach Wissen und dem Ideal im Leben wird durch Versagen angetrieben, was uns zu perfekt denkenden Maschinen gemacht hat, wodurch unser Leben einfacher geworden ist. Wir wurden mit all dem Komfort ausgestattet, den das Leben zu bieten hat. Selbst wenn wir heutzutage bis zum Mond oder sogar zum Mars reisen können, scheitern viele von uns immer noch an den banalsten Fragen dieser Welt. Sind wir wirklich frei? Sind wir alle frei von Fehlern?

Du must verstehen, dass das Leben immer mit Herausforderungen einhergeht, und du musst bereit sein, mit ihnen klarzukommen.

Genau dasselbe musste ich auch…

Viele von uns, mich selbst eingeschlossen, haben manchmal Schwierigkeiten damit, aus unseren Fehlern zu lernen. Manchmal geben wir auf, sobald wir den ersten Fehler gemacht haben, ohne zu realisieren, was wir wirklich machen müssen, damit wir weiter nach vorne gehen können und unserem Ziel immer näherkommen.

Ich war Partner bei Gassner Beckmann, GBA Markenwerbung einer der größten Marketing-Agenturen in München mit vielen großen Kunden. 4 Jahre lang lief alles friedlich und geordnet bis mein Partner, der 50% der Firma besaß, das Ende des Unternehmens einleitete. Einfach, indem er mich loswerden wollte.

*Er war der Meinung, dass ich zu teuer sei und meine Arbeit nicht adäquat gemacht hätte. In der Folge hatten wir viele Rechtsstreitigkeiten, bis wir einige Zeit später zu dem Entschluss kamen, dass **er** die Firma verlassen muss, aber weiterhin eine Gewinnbeteiligung erhalten würde. Er würde also auch nach der Trennung Geld mit meiner Firma verdienen. Da er mir jegliche Führungsfähigkeiten absprach, schließlich war ich ‚nur‘ der Creative Director, würde das Unternehmen so oder so Scheitern und Bankrott gehen.*

Probleme in der heutigen Welt
Unter all den Möglichkeiten, die uns heute eröffnet werden, treffen wir auch immer wieder auf Dilemma-Situationen: Eine misslungene Ehe, der falsche Job, finanzielle Krisen, Stress - das sind nur einige, die man hier benennen kann.

Heutzutage leben wir nicht wirklich unser Leben, sondern wir leben nur nach den Erwartungen der Gesellschaft. Auch wenn es wichtig ist, dass wir uns mit den Menschen, die uns umgeben, gut verstehen, hat dieser Aspekt keine Priorität. Durch die Erwartungen der Gesellschaft vergessen wir nämlich das, was wir eigentlich machen sollten. Unser eigenes Leben bestreiten und unsere Freiheit ausnutzen oder unser rationales Denken schärfen. Wir schaffen es aber nicht, eine feste Linie zwischen dem, was von uns erwartet wird, und dem, das wir selbst wollen, zu ziehen. Die Ethik des Lebens, unsere Moral und unsere sozialen Verpflichtungen formen ein nicht zu durchbrechendes Korsett um uns, was uns zu dummen Maschinen macht. Wir verlieren in unserer komplexen Welt die Fähigkeit, frei zu denken und frei zu leben. Wir verlieren die Dynamik in unserem Leben.

Wieso wir scheitern, und wie wir unsere Fehler überwinden
Wir scheitern ständig daran, richtig wahrzunehmen, warum wir eigentlich scheitern. Um erfolgreich zu leben, brauchen wir Kraft, kreatives Denken, neue Ideen, Liebe und noch vieles mehr. Enthusiasmus hilft uns, neue Ideen zu entwickeln und weiterzukommen im Leben. Durch Probleme und Schwierigkeiten lernen wir erst die Bedeutung des Lebens kennen. Wenn wir diese überwinden, lernen wir unsere inneren Stärken kennen. Wir müssen ein Spiegel sein, der das Sonnenlicht hindurchlässt, anstatt es nur abprallen zu lassen. Verändere Dinge, indem du sie anfängst anders wahrzunehmen. Denk immer positiv und schau deinem Scheitern ins Auge, solange bis du es überwunden hast. „Verstehen kann man das Leben rückwärts; leben muss man es aber vorwärts."- Soren Kierkegaard. Visualisiere deine Ziele und setze deine Prioritäten. Versuche Hoffnung anstatt Angst auszustrahlen.

Bedenke, dass beim Lernen immer ein Fortschritt errungen wird. Es funktioniert nicht von heute auf Morgen. Gewinner machen keine anderen Sachen, sondern machen sie anders.

Wie kannst du das Scheitern überwinden? Das ist eine Frage, auf die jeder Student am liebsten eine Antwort hätte. Trotzdem, wenn wir über Fehler reden, sprechen wir nicht nur über eine misslungene Klausur. Fehler kommen in allen Phasen des Lebens vor. In deiner Karriere, deinem Unternehmen, deiner Ehe und sogar in deinen Freundschaften.

Scheitern kann als versagter Erfolg angesehen werden. Wenn es keinen Erfolg in deinem Leben gibt, hast du versagt. Versagen ist nichts Gutes, weshalb wir eine gute und sichere Antwort auf die Frage „Wie können wir Fehler überwinden?" finden müssen. Die Antwort wird dich überraschen. Wenn wir Versagen als misslungenen Erfolg ansehen, bedeutet das nichts anderes, als dass wir für Erfolg erst unsere Fehler überwinden müssen. Das ändert unsere Herangehensweise, wenn wir über Erfolg nachdenken.

Wir wissen alle, was wir machen müssen, wenn wir ‚gefallen' sind und nun wieder aufstehen müssen. Gehen wir davon aus, dass wir wissen, wie man läuft, was die meisten von uns glücklicherweise können, da wir alle diese Erfahrungen in unserem Leben machen mussten, als wir noch sehr klein waren.

Im fiktiven Sinne haben wir bereits viele andere Probleme gelöst. Das Leben ist nun mal wie eine Achterbahn aufgebaut, es geht immer hoch und auch wieder hinunter. Die Frage ist also nicht, ob oder wie tief wir fallen, sondern ob wir stark genug sind, damit klarzukommen. Sind wir stark genug, um wieder aufzustehen, wenn wir fallen?

Ein einfaches Prinzip, um Erfolg erleben zu können, ist das, was ich als 3DV beschreibe. Die drei Ds stehen für Determination, Disziplin, und Hingabe (eng. Dedication), während das V für unser Verhalten steht. Das war das Prinzip, was Jesse Owens 1936 bei den Olympischen Spielen in Berlin vorgestellt hat, wo er 4 Gold Medaillen gewinnen konnte. Er hat es damals geschafft 9 olympische Rekorde zu brechen. Der Erfolg steht also über dem Scheitern, vergiss das nie und halte an deinem Erfolg fest.

Lass uns noch einmal genauer hinschauen, und das Prinzip etwas genauer analysieren. Das erste, worüber ich reden werde, ist Hingabe.

Hingabe ist ein unfassbar wichtiger Grundgedanke, den wir benötigen, um die Leiter des Erfolges erklimmen zu können. Das erste und wichtigste, was wir beachten müssen ist, wie viel Zeit wir selbst wirklich bereit sind, für unser Ziel zu opfern? Was für Ressourcen bin ich bereit zu verbrauchen und was ist überhaupt meine Hingabe in Bezug auf das Projekt? Gefällt mir es? Lohnt es sich für mich? Nach Hingabe kommt direkt harte Arbeit. Du musst dir wortwörtlich sagen: „Wenn ich wirklich ein Ziel erreichen möchte, dann bin ich bereit, alles dafür zu tun, komme was wolle". Was bedeutet das für uns? Nichts anderes als dass harte Arbeit der Weg zu unserem Erfolg darstellt.

Der zweite Grundgedanke, den ich mit dir besprechen möchte, ist die Determination. Manchmal ist es schwer Determination von Hingabe zu unterscheiden, aber ich versuche es dir mit diesem einfachen Beispiel darzustellen. Wenn ein

Student seinen Universitätsabschluss erreicht, stellt er sich die Frage, was jetzt als nächstes kommt. Wahrscheinlich denkt er darüber nach, wie er seine Karriere am besten verfolgen kann. Lass uns auf den Erfolg schauen im Hinblick auf eine Karriere, ein guter Abschluss ist somit Pflicht. Determination ist nichts anderes als eine permanente Hingabe, also genauso wie es uns andere bereits gesagt haben: „Viele von uns sind bereit, Klavier spielen zu lernen, aber die wenigsten können es über längere Zeit durchziehen." Und genau diese Menschen, die es schaffen weiterzumachen, das sind die mit Hingabe und Determination. Hast du schon mal das Zitat von Michael Smurfit gehört? Er hat gesagt: „Akzeptiere niemals dein Versagen, egal wie oft es dir widerfährt. DU machst weiter, du gibst niemals auf!". DAS ist Determination!

Der nächste Grundgedanke zum Erfolg ist die Disziplin. Herzlichen Glückwunsch, nun bist du determiniert und besitzt Hingabe. Freu dich bitte nicht zu früh. Erfolg verlangt von dir, dass du Kontrolle über dich selbst besitzt, über dich selbst und deine Gefühle. Du benötigst die Kontrolle über dich selbst! Manchmal wird es passieren, dass du hungrig bist, weshalb du etwas essen möchtest, selbst wenn du weißt, dass Mitternacht nicht der beste Zeitpunkt ist, um etwas zu essen. Du musst dich selbst kontrollieren und zurückhalten – DAS ist Disziplin. Disziplin sorgt dafür, dass du selbst die Kontrolle über dich übernehmen kannst, während du nach deinen Zielen greifst.

An diesem Punkt würde ich ganz gerne einmal etwas erwähnen. Nämlich das ich in meiner Position als Creative Director sehr glücklich war. Ich musste weder einen Anzug noch eine Krawatte tragen, dass ich ‚normale' Kleidung tragen konnte, war einfach nur schön. Trotzdem kam ich irgendwann zu dem Entschluss, den Bullen bei den Hörnern zu packen und wollte richtig als Eigentümer der Firma wirken, weshalb ich mir einen Blazer, einige Krawatten und noch einiges mehr gekauft habe, um mein Äußeres zu verändern. Neben den der äußeren Veränderung begann ich auch innerlich an mir zu arbeiten und eignete mir in kürzester Zeit das Wissen an um eine große Agentur mit vielen Mitarbeitern auch kaufmännisch führen zu können.

Also kam es anders als mein Partner damals gedacht hatte. Die Firma wuchs, und mein jetziger "Ex-Partner" ging nach einigen Monaten bankrott.

Zu guter Letzt, lasst uns auf den letzten Grundgedanken für unseren Erfolg schauen. Nämlich unsere eigene Einstellung. Jemand hat mal gesagt: „Deine Einstellung bestimmt deine Höhe im Leben". Ich bin der Meinung, dass diese Person absolut Recht hat. Das interessante über unsere eigene Einstellung ist, dass sie zweiseitig ist. Sie kann positiv oder auch negativ sein. Das Positive bringt dich weiter, während das Negative dich weiter fallen lässt. Das Positive bringt dir Erfolg und Zufriedenheit, während das Negative dir Versagen und Schande zu Teil kommen lässt. Die Menschen, die bereit sind erfolgreich zu sein, sind die mit der besten Einstellung. Es gibt viele Menschen mit der richtigen Einstellung. Da gibt es Jesse Jackson, der sagte: "Wenn ich etwas erreichen und daran glauben kann, dann schaffe ich das auch. Ich kann es schaffen und meine Ziele erreichen." Genau diese Einstellung war es, die es Jesse Owens ermöglicht hat, vier Goldmedaillen in seinen wohl besten Olympischen Spielen überhaupt zu gewinnen. Er ist mit seinem Erfolg in die Geschichte eingegangen.

Lektion

Es würde helfen, wenn man Determination, Hingabe, Disziplin und die richtige Einstellung hat, um sein Scheitern zu überwinden. Das sind unsere Grundbausteine für ein erfolgreiches Leben.

8

Wie du dein Scheitern in weitreichenden Erfolg verwandeln kannst.

Wenn du überall bereits in deinem Leben gescheitert bist, bist du bereit, den ultimativen Erfolg zu erreichen. Das klingt auf den ersten Blick vielleicht befremdlich, aber es ist die Wahrheit.

Wie ich bereits gesagt habe, auch ich habe bereits sehr oft in meinem Leben versagt. Ich erinnere mich noch daran, als ich einer der ersten Personen war, die angefangen hat, Produktplatzierungen in Filmen zu als Werbemöglichkeit für Firmen zu nutzen.

Meine Firma MMM – Medien Marketing Munich hat zusammen mit der Filmindustrie gearbeitet.

Das Unternehmen lief sehr gut. Wir hatten Verträge mit Coca-Cola, Burger King, UNILEVER und noch einigen mehr.

Die Filmindustrie wollte das Geld, war aber nicht bereit, unsere Verträge wirklich voll zu erfüllen. Bei der Abnahme mit den Kunden waren die Produktplatzierungen alle wie vereinbart im Film enthalten. Nur bei der Ausstrahlung im Fernsehen, oder im Kino mußten wir feststellen, dass sie am Ende vieles herausgeschnitten oder unsere Produktplatzierungen ganz gelöscht wurden.

Ein sehr schlechtes Resultat für mich und gefährlich für meine Reputation – Ich habe das Unternehmen 2 Jahre später schließen müssen.

Meine Lerneinheit war: mach Dich nicht von Leistungen Dritter abhängig vor allem in Branchen, die nicht gerade für Ihre Zuverlässigkeit berühmt sind.

Einige der größten und wichtigsten Erfolgsgeschichten wirst du von Leuten hören, die vorher gescheitert sind. Nach all dem, ist ein Fehler immer nur so schlimm oder folgenschwer, wie du ihn wahrnimmst. Wenn du denkst, dass es das Ende der Welt ist, dann ist es das auch, aber wenn du denkst, dass es eine Möglichkeit für einen Neuanfang ist, dann wird es für dich auch ein Neuanfang sein. Hier sind einige Tipps, wie du deine Fehler in etwas großes verwandeln kannst.

1.   Fokussiere dich auf die Lösung

Es ist so einfach, sich auf das, was falsch gelaufen ist, zu konzentrieren, aber Erfolg kann sich nur einstellen, indem man aus seinen Fehlern lernt. Indem man sich auf die Lösung fokussiert, behältst du dein Gewinner-Gen und wirst besser vorbereitet sein, wenn dir Erfolg begegnet.

Ich weiß nicht, wie dir es geht, aber manchmal, wenn mir ein Problem gegenübersteht, insbesondere eines, von dem ich denke, dass es nicht zu mir gehört, wird es plötzlich meine Verantwortung, es zu lösen. Mein inneres Ich hatte plötzlich Wutanfälle, weil es das Problem lösen möchte.

Erfolgreiche Menschen wissen, dass, wenn ihnen ein Problem begegnet, sie 80% ihrer Zeit damit verbringen sollten, eine Lösung zu finden und nur 20% mit dem Problem selbst. Die meisten anderen Menschen drehen dieses Zahlenverhältnis um und verbringen ihre meiste Zeit damit, irritiert von dem Problem zu sein, dass ihnen gegenübersteht.

Was wäre, wenn du die meiste Zeit damit verbringen könntest, dich auf die Lösung, anstatt auf das Problem zu fokussieren? Wie würde sich dein Leben verändern? Wie würde es aussehen?

Zusätzlich zu dem Fokus auf das Ergebnis anstatt auf das Problem, kannst du deine Chance auf einen Erfolg erhöhen, wenn du dein Vertrauen in dich selbst stärkst. Der schnellste Weg, um dies zu erreichen, ist es, wenn du die Fragen, die du dir selbst stellst, veränderst. Anstatt zu fragen: „Was passiert, wenn ich versage? Was passiert, wenn ich keine Lösung finde?" Frage dich lieber: „Welcher ist der beste Weg, um das Problem anzugehen? Welcher ist der beste Weg, bei dem ich gleichzeitig den Arbeitsprozess genießen kann?

Was wäre, wenn wir beide Aspekte verändern könnten, wenn wir auf ein Problem stoßen? Wie würde sich dein Leben verändern? Was wäre anders?

2. Lernen, lernen, lernen

Versagen ist nur Versagen, wenn du nicht aus deinem Fehler lernst und anwendest, was du dazugelernt hast. Du bist dazu verdonnert deine Fehler zu wiederholen, wenn du nie aus ihnen lernst. Wenn du nie aus deinen Fehlern lernst, wirst du nie erfahren, wie sehr dir deine Fehler eigentlich helfen können. Es geht über deine wildesten Träume hinaus.

• Lerne aus deinen Fehlern

Da du derzeit gefangen bist auf einem Planeten voller Schwerkraft und anderen Kräften, wirst du hier wohl oder übel scheitern. Ob du scheitern willst, oder nicht, spielt keine Rolle, denn du wirst scheitern. Selbst wenn andere um dich herum einen Fehler machen, die Frage bleibt dieselbe: „Was machst du mit ihren Fehlern? Kannst du dich von ihnen erholen? Was kannst du aus ihnen lernen?

Ich habe sowohl einen Katalog als auch ein Video herausgegeben und verkauft.

Ich habe einmal einen Mann getroffen, der als Vertriebsbeauftragter für die neuen Bundesländer in Deutschland 'für Nintendo gearbeitet hat und sehr gute Kontakte zu den großen Drogerie-Ketten in Deutschland hatte.

Ich hatte die Idee, sogenannte ‚Besucher-Magnete' für Drogerien zu schaffen.

Höhere Kundenfrequenz = mehr Umsatz war die einleuchtende Formel.

Wir würden große Verkaufsdisplays sogenannte Zweitplatzierungen neben den Regalen mit der üblichen

Drogeriewaren mit kreativen Produkten platzieren und damit einen neuen Anreiz schaffen die Drogerie zu besuchen.. Das ganze System war so konzipiert, dass zusätzliche Besucher in die Drogerie kommen und nicht nur unser kreatives Produkt, sondern am Weg zur Kasse dann noch übliche Drogerieprodukte kaufen.

Wir haben dieses System sehr oft getestet, es in verschiedene Ladentypen transferiert und es schien zu funktionieren. Wir haben einen Merchandising- Vertrag unterschrieben und ca. 20.000 Verkaufsständer jeden Monat installiert. Wir waren für alles verantwortlich: von der Produktbeschaffung bis hin zur Logistik und der Bewerbung. Ein „Alles -aus – einer – Hand -Paket" für unsere Drogeriepartner.

Wir haben sehr viel Geld verdient. Schecks mit Millionenbeträgen flatterten ins Haus. Wir haben uns wie die Könige unter den Verkaufsgenies gefühlt.

Eines Tages, einfach aus dem nichts, hat das Telefon geklingelt und die Läden, in denen wir unsere Verkaufsständer aufgebaut hatten, wollten uns die nicht verkaufte Ware zurückschicken. Was!?!?! Ich habe später erfahren, dass mein Partner einen Geheim-Deal unterschrieben hatte, der es unseren Vertragspartnern ermöglichte, die nicht verkaufte Ware zurückzuschicken.

Tausende Fahrradhelme, Paletten von Kaffeegeschirr um nur einiges zu nennen wurden uns retourniert. Ich rede hier von unendlich vielen Lastwagen, voll mit Paletten an unverkaufter Ware. Wir mussten sogar mehrere Lagerhallen mieten.

Mein Partner versprach die Ware über seine Kanäle verlustschonend weiter zu verkaufen. Leider hat auch das nicht funktioniert.

Nach einiger Zeit änderten wir den Vertrag und haben alles gestoppt. Wir haben es geschafft, ein bisschen Geld zu behalten und haben das Unternehmen geschlossen, ohne alles Geld zu verlieren.

Habe ich aus meinen Fehlern gelernt? Auf jeden Fall! Versagen ist eine Möglichkeit, aus der sich für uns neue Möglichkeiten ergeben, bessere Fähigkeiten zu erlernen. Das gilt für alle Bereiche des Lebens.

Willst du wissen, wie du aus deinen Fehlern lernst? Deine Reise beginnt hier und jetzt. Der Fakt, dass du dieses Buch liest, ist der Beweis, dass du bereit bist, die Herausforderungen in deinem Leben anzunehmen. Du bist bereit, die Herausforderungen anzunehmen, was sonst keiner macht, weil alle anderen Angst haben. Aber nicht du! Es braucht Mut, um zu realisieren, dass Menschen Hilfe brauchen, um zu lernen, dass ihre Fehler eigentlich etwas Gutes sind. Und du mein lieber Freund, hast diesen Mut. Lerne aus deinen Fehlern und starte dein Leben neu mit diesen Tipps.

Bescheidenheit hilft

Ein wenig Bescheidenheit hat noch nie geschadet. Du weißt, du hast etwas falsch gemacht; und während du dich vielleicht ein wenig in der Defensive fühlst, musst du trotzdem darauf achten, deine Emotionen zu kontrollieren. Akzeptiere, dass deine Pläne nicht funktioniert haben, und entschuldige dich bei denen, die eine Entschuldigung von dir erwarten.

Bescheidenheit ist der erste Schritt, um gebrochene Beziehungen zu reparieren. Ignoriere die Menschen, die hinter deinem Rücken reden, wer du vorher warst, oder was dein Status war – das spielt jetzt keine Rolle mehr. Das ist nicht die richtige Zeit, einen neuen Krieg anzufangen, sondern die Zeit zu reflektieren, was du getan hast.

Beobachte und melde

Mittlerweile sollte die Befremdlichkeit bereits ein wenig nachgelassen haben. Wenn du von deinen Fehlern lernen willst, musst du leise sein und zuhören, was andere Leute zu sagen haben. Schau dir an, wie deine Kollegen mit Fehlern umgehen. Du hast das vielleicht bisher noch nicht realisiert, aber wenn du ein wenig auf die anderen achtest, kannst du vielleicht das ein oder andere später nachmachen. Es kann dir also auch dabei helfen, Fehler zu vermeiden.

Bring die Dinge wieder in Ordnung

Wenn du wissen willst, wie man aus Fehlern lernt, musst du manchmal auch ein wenig schummeln. Es ist nicht die schönste Aufgabe, insbesondere, wenn es dein eigener Fehler war, den du wieder gutmachen musst. Aber seine Fehler wieder gutzumachen, ist besonders wichtig, um am Ende erlöst zu werden. Wenn du dir bis hierher noch nicht sicher bist, was du machen kannst, dann frag einfach. Du musst nicht selbst derjenige sein, der die richtige Lösung parat hat, aber du kannst versuchen, allein anzufangen, bis du eventuell von anderen Hilfe bekommst.

Du könntest beispielsweise den Menschen, die dafür sorgen, dass der Fehler behoben wird, einen Kaffee bringen. Selbst kleine Gesten wirken sich positiv auf die Stimmung aus. Zu wissen, wie man aus seinen Fehlern lernt, ist sehr wichtig. Das ist der einzige Weg, wie man sich selbst als Person weiterbringt. Egal ob es deine Karriere oder eine Beziehung ist, du must immer aus deinen Fehlern lernen.

Im Prinzip träumen alle Menschen von einem Leben ohne Probleme, mit unendlichen Möglichkeiten, Ressourcen und genügend Geld, trotzdem geben die meisten Menschen zu, dass das Leben sehr eintönig wäre, komplett ohne Probleme und Hürden, die es zu überwinden gilt. Beweise hierfür sehen wir im „Reality-TV" im Fernsehen, wo alle reichen und bekannten Leute aus Hollywood von einer Midlife-Krise in die nächste gehen, mehr oder weniger gelangweilt vom Leben. Wie oft hast du bereits solche Geschichten gesehen und dir gedacht, was du für die Welt tun würdest, hättest du ihr Geld und ihre Macht? Wie oft warst du verwirrt, als du versucht hast, sie zu verstehen? Zu verstehen, wie sie denken?

Erfolg, der uns ohne irgendeine Art von Anstrengung zu Teil wird, ohne dass wir irgendeine Hürde überwinden müssen, wird nicht geschätzt und noch schneller vergessen, selbst von den erfolgreichsten Menschen. Um dieses Phänomen mit etwas zu vergleichen, das jeder kennt, betrachten wir das Verhältnis von Tag und Nacht. Wir würden die Sonne nicht wirklich wertschätzen, wenn sie als Gegenteil nicht das Dunkel der Nacht hätte. Im Laufe der Zeit bleibt niemand auf dieser Welt von Glück und Pech verschont. Es sind die Enttäuschungen und das Scheitern, das Menschen von Mäusen unterscheidet, und wie jeder einzelne mit seinen Fehlern umgeht. Während einige nur auf ihre Vergangenheit gucken, gehen andere

Menschen einen Schritt weiter und versuchen, ihre Art zu perfektionieren, um erfolgreich zu sein. Die zweite Gruppe versucht immer alles im Blick zu halten – alle guten sowie alle schlechten Tage, Taten, oder Zeiten. Sie sehen alle Fehler als Möglichkeit, welche ihnen eröffnen, den Weg zum Erfolg einzuschlagen. Dieses unermüdliche Streben nach Glück und Erfolg trotz aller Hürden, die im Weg stehen könnten, bringt diese Menschen schließlich ganz nach oben auf der Leiter des Erfolges. Die Menschen, die beim bloßen Gedanken an Scheitern, Vergangenheit oder Gegenwart, gequält werden, bleiben normalerweise zurück.

Was bringt erfolgreiche Menschen dazu, über ihre Rückschläge hinwegzusehen und ihre Ziele mit neuem Enthusiasmus und Elan neu zu setzen? Hier sind einige der Möglichkeiten, wie Menschen diese Fähigkeit erreichen können:

- Behandle die Vergangenheit als vorbei und die Zukunft als illusorisch. Das bedeutet, dass du für den gegenwärtigen Moment handeln musst, was alles ist, was du noch vor dir hast. Wenn du deine letzten Misserfolge in die Zukunft projizierst, wirst du ständig von den Hindernissen verfolgt, die in Zukunft auftreten können. Der Schlüssel ist, jeden Rückschlag als Gelegenheit zu betrachten, die Art und Weise, wie du Dinge tust, zu verbessern. Sobald du angefangen hast, an das zu glauben, was die Gegenwart dir bietet, wirst du auch dazu neigen, dich mehr darauf zu konzentrieren, das Beste aus deinen Möglichkeiten zu machen.

- Glaube an dich selbst. Wir alle wissen von der Ablehnung, die Graham Bell aus der wissenschaftlichen Gemeinschaft erfuhr, als er einen neuen Weg erfand, wie wir kommunizieren konnten. Wenn Bell seinen Glauben aufgegeben und sich mit seinen Fehlern abgefunden hätte, wären wir im Bereich der Kommunikation vielleicht nie so weit gekommen, wie wir es heute sind. Misserfolge, negative Kritik, Rückschläge - das alles sind wesentliche Bestandteile des Erfolgs. Wenn du an deine Ideen glaubst und daran festhalten kannst, kannst du jeden Fehler genau analysieren, um am Ende das Beste daraus zu machen.

Das Talent oder die Fähigkeit, jeden Fehler zu akzeptieren, ist ein wichtiger Vorteil in jeder Organisation. Es ist die Aufgabe des Verantwortlichen, seine Mitarbeiter und seine Teammitglieder zu coachen, und ihnen somit zu zeigen, was wirklich wichtig ist. Rückschläge werden kommen, egal in welcher Lebenssituation du dich gerade befindest. Es gibt eine Redensart, dass wenn du ohne Schirm in einen Regenschauer kommst, es richtig schüttet. Nichts kann wahrer sein als diese Redensart, wenn es darum geht, von Rückschlägen überschwemmt zu werden. Doch sollten wir definitiv auf den Silberstreif am Horizont achten, der sich nach einem heftigen Regenguss bildet. Viele sehen ihn nicht und müssen daran arbeiten, ihn zu sehen.

Fehler neu definieren

Oft erlauben Menschen, die ihre Fehler sie selbst definieren. Diese Leute werden durch ihre Fehler identifiziert als Säufer, Betrunkene, Lügner, Betrüger, Tyrannen... was auch immer die Bezeichnung ist, der Mensch wird untrennbar mit seinem Fehler verbunden. Stattdessen sollte man die Begriffe umdefinieren. Denn schließlich wir ja alle nur Menschen. Schließlich macht jeder Mensch einmal einen Fehler und sollte nicht sein Leben lang durch einen Begriff daran erinnert werden.

Durch meine Agentur hatte ich Kontakte zu den ersten kommerziellen Fernsehsendern in Deutschland. Sie brauchten Aufträge und Inhalte, also schlug ich ihnen ein Geschäft vor: „Bezahle pro Auftrag". So brauchte ich nicht in Werbung investieren, denn ich würde ja nur pro Auftrag einen festgelegten Betrag an den Fernsehsender bezahlen. Außerdem konnte ich in ganz Europa Hoteliers finden, die ihre nicht gebuchten Zimmer verkaufen wollten. Ich wollte der Bettenfüller für die Nebensaison sein und so gründete ich die Firma EuroReiseService und den Holiday Club International.

Der Pionier der Last-Minute -Reiseanbieter und TV-Vermarkter war meine Vision.

Zahlreiche TV Spots wurden gedreht , und meine Frau agierte als attraktive Präsentations Dame in den Spots mit.. Die Werbespots wurden pausenlos fast rund um die Uhr auf allen Privatsendern ausgestrahlt. Nach jeder Ausstrahlung liefen die Telefone heiß, eine Flut von Aufträgen überrollte uns , und meine Mitarbeiter waren pausenlos damit beschäftigt, die Hotelgutscheine auszustellen und zu versenden.

Der Erfolg war fast unheimlich.

Wir haben zig Tausende Hotelgutscheine für 99,00 und 199,00 Deutsche Mark verkauft, das war der gute Teil.

Allerdings mussten wir das ganze Urlaubs-Business komplett von der Pike auf lernen. Die Hotels hielten sich nicht an die

Vereinbarungen und Versprechungen. Ständig wurden Hotels überbucht, das die übliche Stornierungs-und Nichtanreisequote von 10% bei unserem Geschäftsmodell nicht zutraf.

Schließlich kampierten gestrandete Touristen vor unserem Büro. Es war eine Katastrophe. Meine Organisations-Kenntnisse waren nicht besonders gut, also ließ ich ich Software entwickeln, stellte neue Mitarbeiter ein, verhandelte mit den Hotels und versuchte als Trouble-Shooter jeden Tag das Geschäft zu retten. Aber die Probleme nahmen kein Ende.

Nach drei Jahren voller Kämpfe habe ich das Geschäft aufgegeben und viele Gutscheine zurückgezahlt, ohne dass jemand Schaden genommen hat.

Es gab jedoch einen Silberstreif am Horizont, denn ich war jetzt ein Experte für Reisemarketing und große Reiseunternehmen luden mich ein, meine Erfahrungen mit ihnen zu teilen. 2 Jahre später wurde das erste Last Minute Reiseunternehmen gegründet – mein Konzept kopiert.

Definiere das Scheitern neu als eine Gelegenheit, aus einem Fehler oder einer falschen Entscheidung zu lernen, die dich oder andere betreffen. Es ist einfach und es kostet nichts, Fehler zu bemerken und daraus zu lernen. Auf diese Weise neu definiert, wird Scheitern jedes Mal zu einer Lernerfahrung und zu einer echten Wachstumschance.

- **Lass deine Misserfolge für dich arbeiten**

Es ist so, als wäre man der neue Schüler in der Schule, und die tyrannischen Oberstufenschüler wollen ihren Spaß mit dir treiben. Sie schmeicheln, schikanieren und verspotten ...

Wenn ein Mobber die Oberhand hat und weiß, dass er dich schikanieren kann, dann hat er die Kontrolle über dich. Wenn er diese Kontrolle nicht haben kann, dann ist er nichts weiter als ein Fliegenschiss an der Wand.

Dasselbe gilt für die Macht des Scheiterns – außer du kannst tatsächlich die negative „Stimmung" nutzen und sie für dich arbeiten lassen. Lerne, wie du dein Versagen oder das eines anderen für dich arbeiten lassen kannst. Sei nicht sauer oder traurig ob der Tatsache, dass du dich manchmal vielleicht geirrt hast – Mach dir Notizen!

Was hat den Fehler verursacht? Gibt es ein Muster? Wie kann ich den gleichen Fehler beim nächsten Mal verhindern? Was habe ich gelernt?

Wenn andere annehmen, dass ein Misserfolg dich definiert, dann nutze den Moment und mache dir diesen einen Tag zum neu definierenden Moment, an dem du dich entscheidest, dies nicht noch einmal zu tun. Entscheide dich dazu, dass du nicht wie andere scheitern wirst, und dich stattdessen neu definieren willst. Stärke dich und nimm das Schicksal an. Ruhe dich aus: Erhole dich von deinen Fehlern, damit du aus deinen Fehlern lernen kannst.

Setze dich für das Scheitern ein, um dich selbst zu verbessern.

Ich wurde gebeten, Visual Branding an der Werbeakademie in München und auch an der Universität München zu unterrichten. Es war wirklich ein Vergnügen, ehrgeizigen Studenten beizubringen, wie man mit visuellen Mitteln einen Markenwert schafft.

Die Arbeit hat Spaß gemacht, war aber auch sehr zeitaufwändig, weil ich sie ernst nahm. Ich musste meine Vorlesungen vorbereiten, die Prüfungen korrigieren und an den Abschlussprüfungen beisitzen. Die Bezahlung war leider nicht besonders gut, aber ich hatte die Chance, die neue Generation zu stärken. Deine Generation. Letztendlich bin ich aber an meinem Anspruch gescheitert alles perfekt unter einen Hut zu bringen: meine Agentur, mein Privatleben und meine Dozententätigkeit. Nach nur wenigen Semestern gab ich die Dozententätigkeit sehr zu Enttäuschung meiner Studenten wieder auf. Gelernt habe ich daraus: Multitasking ist nichts für mich!

- **Scheitere schnell, und fange direkt wieder von vorne an!**
Von einem Rodeo kann man viel lernen. Eines der besseren Beispiele für richtiges Scheitern ist, wenn ein Cowboy oder Cowgirl von dem wilden Mustang oder einem starken Rind abgeworfen wird und gleich wieder in den Sattel steigt. Diese Einstellung kann man auf alle Handlungen übertragen.

Die Geschichte ist voll von Figuren, die es versucht haben und gescheitert sind, aber es dann erneut versucht haben, nachdem sie ihre Lektion gelernt hatten. Jede große Erfindung, Firma, Regierung oder historische Figur ist entweder mit echtem oder offensichtlichem Scheitern behaftet – und diese Leute haben gelernt, sofort wieder in den Sattel zu steigen. Großartige Menschen haben eines gemeinsam: sie lernen aus Fehlern. Sie erleben harte Rückschläge und erholen sich schnell von ihnen.

Es geht weder darum, wie schwer du gestürzt bist, noch darum, wen du im Stich gelassen hast, oder darum, wer dich im Stich gelassen hat, wenn du versagt hast – es geht darum, was du daraus gelernt hast und wie schnell du dich wieder auf das Pferd setzen kannst. Das ist, was dich wirklich definiert.

Wenn du richtig scheiterst, wirst du nicht noch einmal scheitern. Du wirst nur eine Verbesserung erleben.

- **Fokussiere dich auf die Zukunft**

Scheitern hat die erstaunliche Eigenschaft, dich dazu zu bringen, dich auf das Vergangene zu konzentrieren und dein Leben zu bereuen. Wenn du in Reue und Scham lebst, wirst du nie in der Lage sein, alle Chancen zu nutzen, die vor dir liegen. Das Beste, was du tun kannst, ist, in die Zukunft zu schauen, um zu sehen, wie du deine Fehler nutzen kannst, damit sie dir zu deinem Erfolg verhelfen. Wenn du dich auf die Zukunft konzentrierst, kannst du nicht in der Vergangenheit steckenbleiben.

In Wahrheit ist es ziemlich schwierig, sich auf das Vergangene zu konzentrieren. Ob wir uns auf unseren Lorbeeren aus früheren Erfolgen ausruhen oder uns vergangene Fehler schlechtreden, es gibt eine gewisse Vertrautheit im Umgang mit der Vergangenheit. Man reflektiert, ja, ich war schon mal hier, habe das schon mal gemacht. Es ist vielleicht nicht mehr aufregend, aber hey, es ist das, was wir wissen und woran wir uns erinnern.

Das Problem ist, dass es furchtbar schwierig ist, voranzukommen, wenn man in der Vergangenheit steckenbleibt. Du kannst einfach nicht gleichzeitig nach hinten und nach vorne schauen. Es ist zwar vollkommen in Ordnung und sogar ratsam, über bereits vergangene Erfolge und Fehler nachzudenken, aber du kannst es dir nicht erlauben, in der Vergangenheit zu bleiben. Der Weg, um vorwärtszukommen, ist, nun ja, vorwärtszugehen. Plane deinen Weg und hisse die Segel. Nimm alle Wunder auf, die vor dir liegen. Meide die Gefahren. Wenn beide Augen auf das gerichtet sind, was vor dir liegt, kannst du fundierte Entscheidungen treffen und sinnvolle Schritte unternehmen, um deine Ziele zu erreichen.

Lektion

Um deine Misserfolge in Erfolg zu verwandeln, must du dich fokussieren und bereit sein, von deinen Fehlern zu lernen. Beobachte und lerne, was dir hilft, gib niemals auf und versuche immer, Neues zu schaffen.

9

Durchhaltevermögen: Der Schlüssel zum Erfolg

Wie viele von euch können mit absoluter Sicherheit sagen, dass sie in ihrem Leben immer konsequent waren, und alles versucht haben, um Erfolg zu haben?

Beständigkeit und Beharrlichkeit sind zwei schwer fassbare Tugenden, die schwer aufrechtzuerhalten sind, wenn sie nicht regelmäßig gelebt werden. Nehmen wir uns einen Moment Zeit, um zu analysieren, was Beständigkeit und Beharrlichkeit zu bieten haben.

Beständigkeit kann definiert werden als die Entwicklung von Disziplin in einem ausgewählten Bereich zugunsten eines günstigen Ergebnisses. Diejenigen, die an Disziplin festhalten, werden mit Erfolg belohnt, da sie sich durch permanente Konzentration dauerhaft fokussiert haben.

Lass uns eines direkt am Anfang klarstellen: Erfolge in diesem Zusammenhang beschränken sich nicht auf bestimmte

Lebensbereiche. Wenn Abnehmen und gesunde Ernährung deine primären Ziele sind, kann es als Erfolg gewertet werden, wenn du regelmäßig und konsequent die richtigen Maßnahmen ergreifst, und zum Beispiel gesund isst.

Viel zu viele Menschen vernachlässigen die Kraft permanenter Bemühung um das Erreichen ihrer Ziele. Beständigkeit generiert leistungsstarke neuronale Netzwerke in unserem Gehirn. Diese neuronalen Netzwerke helfen, starke Verbindungen innerhalb unseres Gehirns zu bilden, und verbessern so unsere Konzentration, damit wir uns auf eine Aufgabe oder ein Ziel fokussieren können.

Wenn man sich nicht genug anstrengt, um sein Ziel zu erreichen, erhält das Gehirn nicht genügend Reize, um erfolgversprechende Gewohnheiten zu entwickeln. Es ist die Hebbsche Theorie, die von dem kanadischen Psychologen Donald O. Hebb eingeführt wurde, die besagt, dass „Nerven, die zusammen feuern, sich verdrahten." Mit konsequenter Anstrengung erwirbt dein Gehirn dauerhafte neuronale Verbindungen, die dir bei deinem langen Weg zum Erfolg helfen werden.

Das permanente Fokussieren auf deine Ziele ermöglicht es deinem Gehirn, sich auf das Ziel zu konzentrieren. Beständigkeit kann als die Fähigkeit wahrgenommen werden, trotz externer Kräfte kontinuierliche Anstrengungen zu unternehmen. Unermüdliche Entschlossenheit ist entscheidend, um ein günstiges Ergebnis zu erzielen.

Konsistenz baut Charakter auf und schärft den Geist. Konsequente Menschen werden alles erreichen. Sie besitzen einen inneren Antrieb, der ungebrochen ist. Sie sind fest entschlossen, positive Ergebnisse zu erzielen. Sie gehen keine Kompromisse ein, indem sie Abstriche machen oder Abkürzungen nehmen. Letztendlich zahlt sich dieses Engagement mit dem Erfolg aus, auf den du wartest.

Ein abschließender Gedanke zur Beständigkeit ist erwähnenswert. Sie ist für ein aufgabenorientiertes Ziel unerlässlich, da du damit deine Ergebnisse bis zur Fertigstellung verfolgen kann. Zum Beispiel geben viele Menschen auf, ihre Ernährungs- und Bewegungsziele zu verbessern, wenn neue Herausforderungen auftreten.

Erfolge erreichen ohne maßvolle Leistungen wird wohl oder übel zu nicht so guten Ergebnissen führen. In einigen Fällen werden die gewünschten Ergebnisse möglicherweise für einige Zeit nicht erscheinen, insbesondere wenn die Ernährungs- und Trainingsziele geändert werden. Oft arbeiten Ereignisse zu deinen Gunsten, wenn auch hinter den Kulissen, während die Ergebnisse für dich die Grundlagen für zukünftige Fortschritte legen.

Wenn es um das Geschäft geht, ist Beständigkeit also definitiv ein Schlüssel zum Erfolg. Es ist nicht immer einfach, so konsequent zu werden und zu bleiben, wie man es braucht, um seine Ziele zu erreichen.

Die Wahrheit ist, dass sich immer mehr Menschen für das Thema interessieren als früher. Statistisch gesehen ist die Wahrscheinlichkeit, dass ein neues Unternehmen tatsächlich ‚erfolgreich' ist und genug Gewinn abwirft, um den Betrieb aufrechtzuerhalten, nicht sehr hoch. Aber wie kann man den Verlust ausgleichen? Was kannst du tun, um dein Geschäft zu einem Ort zu machen, der dich nicht nur erfüllt, sondern auch gut und erfolgreich ist? Um Erfolg zu erreichen, braucht man sehr viele Dinge. Einer der wichtigsten ist auf jeden Fall die Beständigkeit.

Wenn du lernst, dich zu behaupten, kannst du dein Talent voll ausschöpfen, und deine Arbeit wird dementsprechend auch gut belohnt werden. Es ist erstaunlich, wie viele Unternehmen, die von talentierten und erfahrenen Unternehmern gegründet werden, scheitern, weil sie sich zu sehr auf die Arbeit konzentrieren und sich dann nicht mehr weiterentwickeln. Es gibt viele Möglichkeiten, zu experimentieren, aber es gibt keinen Ersatz dafür, flexibel und konsequent zu sein.

Das ‚Erfolgsmodell‘ kreieren

Einer der wichtigsten Punkte, die es zu verstehen gilt, bezieht sich bei der Beständigkeit auf die Tatsache, dass du das tun musst, was du willst. Mit anderen Worten: Du darfst nicht einfach hoffen, dass dein Geschäft gut läuft. Stattdessen sollest du es von Tag zu Tag leben. Setze deine Ideen da um, wo du sie verwirklichen kannst. Wenn du genug an dich und an dein Geschäft glaubst, wirst du erfolgreich sein!

Mal angenommen, dein Unternehmen war bereits ziemlich erfolgreich, dann müsstest du die Dinge anders angehen, um deinen Erfolg auch zu halten. Aber für eine Neugründung, für ein Unternehmen, das noch nicht so weit ist, oder für ein Unternehmen, das schon älter ist, aber sich noch nicht besonders weit entwickelt hat, gibt es Möglichkeiten, eine ganze

Menge Geld damit zu verdienen, indem man zum Beispiel so viel arbeitet, wie es ein erfolgreiches Unternehmen erforderlich machen würde, denn um erfolgreich zu sein, muss man sich Zeit nehmen und sich um sein Unternehmen kümmern.

Konsequent zu sein in so einfachen Bereichen wie Arbeit, Essen und Trinken ist sehr wichtig. Viele Unternehmen sind sich nicht bewusst, wie viel Gutes ein neues Unternehmen für sein Geschäft tun kann, wenn es einen Mitarbeiter hat, der sich um Dinge kümmern kann, selbst wenn er nicht auf der Arbeit ist. Für viele Menschen ist es schwierig, bei der Arbeit volle Leistung zu zeigen. Deshalb solltest du deine Freizeit nutzen, um deine Arbeit zu verbessern und deinen Erfolg auf die nächste Stufe heben zu können. Viele von uns brauchen manchmal mehrere Anläufe, also wieso nicht auch du? Zum Beispiel kannst du, wenn du in den Bereichen Marketing oder Vertrieb arbeitest, durch einfache Maßnahmen deine Kundenbasis vergrößern. Du könntest dich in sozialen Netzwerken engagieren oder mehr in dem Bereich unterwegs sein, in dem Menschen deine Produkte oder Dienstleistungen nutzen, um so neue Kunden zu generieren.

Man muss ebenfalls Durchhaltevermögen zeigen, wenn es um die Bereiche Marketing und Vertrieb geht, besonders weil heutzutage sehr viel online stattfindet. In diesen Bereichen Beständigkeit zu zeigen, hat sich schon oft als sehr nützlich für ein Unternehmen erwiesen. Tatsächlich sagen sehr viele erfolgreiche Menschen, dass es nicht immer zwingend Talent oder natürliches Können ist, dass uns die perfekten Voraussetzungen beschert, erfolgreich zu sein. Der einzige Unterschied ist, dass die Menschen, die wirklichen Stress und

Probleme ausgehalten haben, am Ende diejenigen waren, die erfolgreich wurden. Über Nacht erfolgreich zu werden, mag schön klingen, aber du wärst ERSTAUNT wieviel in Wahrheit hinter den Kulissen passiert ist. Die Öffentlichkeit wird bei einigen Beispielen nie die volle Wahrheit erfahren. Ganz viele Menschen die ‚über Nacht erfolgreich wurden‘, konnten das umsetzen, weil sie es zuvor geschafft haben, Tag für Tag an ihren Fehlern zu arbeiten, selbst wenn die Dinge mal nicht perfekt liefen.

Die Vorteile von Beständigkeit

Indem man beständig bleibt, wirst du bereit sein, jede einzelne Chance, die sich dir bieten wird, zu ergreifen. Ein Restaurantbesitzer zum Beispiel, der sein Restaurant permanent geöffnet hat - auch montags – und auch, wenn er montags nie wirklich viel zu tun hat, kann er sehr wahrscheinlich sagen, dass sein Restaurant an Montagen besonders beliebt war, einfach weil er wahrscheinlich der Einzige war, der montags durchgehend geöffnet hat.

Ein Selbstständiger, der versucht, sein Unternehmen online zu stellen, vergisst vielleicht mal den ein oder anderen Blog Post, aber wenn er das tut, realisieren seine Follower, dass seine Posts nicht mehr regelmäßig kommen, was in einem Desinteresse endet.

Denkt an die Arten von Unternehmen, die wir jeden Tag sehen. Wo kaufst du deine Lebensmittel? Wo gehst du essen? Wo kaufst du Kleidung? Wohin bringst du deine Anzüge zur Reinigung? Hast du jemals versucht, Geschäfte mit einem Unternehmen zu machen, das es nie geschafft hat, zuverlässig zu sein? Es gibt nichts Schlimmeres, als etwas zu brauchen, um dann festzustellen, dass das Geschäft, welches du brauchst, an diesem Tag geschlossen hat, und zwar aus ‚persönlichen Gründen‘. Das ist die Art von Unverlässlichkeit, die jedem Unternehmen schadet.

Am Ende kommt es einfach darauf an, dass man seine Dinge sicher, regelmäßig und verlässlich macht, weshalb die Beständigkeit eines der wichtigsten Aspekte ist, die du in deinem Unternehmen finden wirst, damit sich dein Erfolg von allein bildet. Alle oben genannten Punkte, resultieren in erhöhten Verkäufen, mehr Kunden und natürlich Erfolg.

Wenn du ein paar kleine Probleme mit der Beständigkeit hast (was bei den meisten Menschen der Fall ist), dann möchte ich dich bitten, dich erneut anzustrengen, um deine Arbeit effizienter zu gestalten, als du es vorher für möglich gehalten hast. Glaube nicht, dass die Beständigkeit dazu führt, dass du deine Arbeitsweise nicht ändern kannst, und dass du nie in deinem Leben über den Tellerrand hinausschauen wirst, um neue Dinge auszuprobieren, die deinem Unternehmen zu mehr Wachstum verhelfen. Du wirst zweifellos bald feststellen, wie viele neue Möglichkeiten sich dir eröffnen werden!

Beharrlichkeit nutzen

Beharrlichkeit wird definiert als ‚die Handlung des Beharrens‘ oder auch ‚Fortsetzen oder Wiederholen eines Verhaltens‘. Es ist eng verwandt mit Wörtern wie Engagement und Durchhaltevermögen. Die erfolgreichsten Menschen im Leben sind immer hartnäckig. Deshalb ist es wichtig, die Dualität der Beharrlichkeit zu kultivieren, egal, was du anstrebst. Natürlich müssen wir immer zwischen den beiden Wörtern beharrlich und nervig unterscheiden. Beharrlichkeit muss immer einen Grund haben.

Was ist der Unterschied zwischen hartnäckig sein und einfach nur nervig? Hartnäckigkeit braucht einen gewissen Grad an Planung. Wenn jemand beharrlich ist, dann ist dieser bereit, alles zu machen, um sein Ziel zu erreichen. Man glaubt an ein Prinzip und versucht, es zu realisieren, damit man sein Ziel erreicht. Jemand, der sich oft wiederholt, nutzt das vielleicht als offensive Attacke und macht so lange weiter, bis jemand sagt, dass er aufhören soll. Beharrlichkeit ist deutlich komplizierter als das. Eine beharrliche Person realisiert die Wichtigkeit der Wiederholung, aber ist vorsichtig, damit man das Problem als erstes kennenlernt, um dann einen Plan zu schmieden, es zu lösen. Wenn Probleme auftauchen, entwickeln die beharrlichen Leute mehrere verschiedene Denkweisen, die sie sich zunutze machen können.

Beharrlichkeit wird für persönliche und berufliche Bemühungen benötigt. Eine Person, die in der Lage ist, zu denken, benutzt also ihre Hartnäckigkeit, um sich selbst und ihre Beziehung zu anderen Menschen zu pflegen. Es kann sein, dass es nicht ausreicht, einen guten Plan zu entwickeln, wenn die Strategie des Unternehmens nicht funktioniert. In solchen Fällen muss sich dann der ‚Denker‘ mit einem anderen Partner zusammentun. Nehmen wir zum Beispiel an, dass eine Gruppe von zwei Personen zusammenkommt. Eine der beiden Personen ist schlecht auf die andere zu sprechen und hat keine Lust, mit ihm zusammenzuarbeiten. Am Ende müssen sich dann einfach zwei andere Personen treffen, die erneuet alle Pläne durchschauen und erneut nach einer Lösung suchen.

Beharrlichkeit ist auch wichtig, um Vertrauen aufzubauen oder einem Unternehmen einen Mehrwert zu verleihen. Man kann davon ausgehen, dass jedes Unternehmen auf einem anhaltenden und absichtlichen Zufluss von Wissen und Erfahrung basiert. Beruflich gesprochen ist Ausdauer wichtig. Neue Geschäftsinhaber sind oft herausragende Personen, die ihr ganzes Leben in ihr Unternehmen stecken und oft doppelt so hart arbeiten, um einen Markt- und Markennamen zu etablieren. Dies erfordert Beharrlichkeit, da es am Anfang viel länger dauert und es viele unzufriedene oder uninteressierte Kunden geben könnte. Neue Geschäftsinhaber müssen sich auch mit schlechten Nachrichten von Banken, Werbetreibenden und Regierungsbehörden auseinandersetzen – Beharrlichkeit ist somit unerlässlich, wenn Sie jemals hoffen, etwas zu erreichen.

Hartnäckigkeit ist ebenfalls wichtig für Entertainer wie z.B. Komiker. Gerade hier ist es besonders wichtig, da Ablehnung und Kritik in dem kreativen Bereich besonders ausgeprägt sind. Autoren und Artisten müssen Ablehnungen überstehen und Schauspieler und Sänger können direkt nach einer Audition bereits eine schlechte Nachricht bekommen. Natürlich, man kann die soeben beschriebene Art von Ablehnung nicht vergleichen mit einer Bühne, wo dich 10.000 Leute runter machen und „buuh" schreien. In einem Unternehmen ist es genauso. Man muss sich eine harte Schale aneignen, um in der Branche, in der man arbeitet, überleben zu können. Andere

Branchen sind mindestens genauso kompetitiv und brauchen ebenfalls ein gewisses Maß an Hartnäckigkeit.

Ich bin nach Österreich (Kirchberg) umgezogen und habe ein eigenes Unternehmen in meinem Keller gestartet. Wir haben es geschafft, die Aufmerksamkeit von großen österreichischen Unternehmen auf uns zu ziehen. Swarovski, Tyrolit bis hin zu internationalen, milliardenschweren Unternehmen.

Das waren einige meiner besten Jahre aus finanzieller Sicht. Ich habe in meinem Keller zusammen mit 4 Mitarbeitern gearbeitet und wir haben alle unser Bestes gegeben. Meine Agentur war währenddessen in München, weshalb ich hin und her gependelt bin.

Durch die Kraft der Beständigkeit und Beharrlichkeit sind wir nach einigen Jahren in ein dreifach größeres Büro gezogen. Es war allerdings nicht mehr wirklich wie vorher, trotz der Vorteile von viel mehr Platz und viel mehr Leuten. Es war einfach nicht mehr dasselbe gute, intensive Gefühl.

Nach einigen Jahren sind wir in ein noch größeres Umfeld gezogen – sehr repräsentativ – aber nie wieder kam der alte Arbeitsgeist zurück. Wir haben trotzdem wie verrückt neue Mitarbeiter eingestellt.

Als ich meine 60er Jahre erreichte, habe ich mein Unternehmen verkauft, um ein neues Kapitel in meinem Leben aufzuschlagen.

Ohne genügend Hartnäckigkeit kann man nicht wirklich etwas in dieser Welt erreichen, man folgt einfach nur anderen.

Ob das schlau ist oder eher dumm, muss jeder selbst entscheiden, aber wenn man wählen muss zwischen seiner eigenen Weisheit und der Dummheit anderer, sollte die Entscheidung nicht so schwerfallen. Hartnäckige Menschen schaffen es, die Welt zu verändern – sie sorgen dafür, dass Unternehmen wachsen; sie verbessern die Kommunikation in unserer Welt, die unseren heutigen ‚Geist' prägen. Wieso also sollten wir kein Teil davon werden? Plane deine Zukunft und ermögliche es dir, einen Unterschied in dieser Welt zu machen. Werde das, was du schon immer sein wolltest. Mach alles, um deine Ziele zu erreichen und hilf den anderen, die Welt zu einem besseren Ort zu machen – auf deine einzigartige Art und Weise.

Lasst uns unsere Aufmerksamkeit jetzt auf die Kraft von hartnäckigen Bemühungen richten. Es sollte gesagt werden, dass Beharrlichkeit eine Geisteshaltung ist. Es ist das Markenzeichen der Leistung, wenn man bedenkt, dass hartnäckige Menschen Schmerzen durchstehen. Schmerz bezieht sich auf die Rückschläge und Hindernisse, die unumgänglich sind, wenn man vorangeht. Die Fähigkeit, sich von Misserfolgen und Rückschlägen zu erholen, bildet die Grundlage für zukünftige Erfolge.

Beharrlichkeit erkennt die Existenz äußerer Kräfte an, die ständig auf uns einwirken. Solche Kräfte haben das Potenzial, den eigenen Fortschritt zu verlangsamen oder sogar zu behindern. Die beharrliche Person erkennt an, dass diese Kräfte gegen sie arbeiten, verweilt jedoch und schaut voraus.

Verhaltenspsychologen glauben seit langem, dass das bloße Dasein ein ausreichendes Maß für zukünftigen Erfolg ist. Ich halte fest an dem Glauben, dass es unangemessen ist, nur da zu sein, da Menschen jeden Tag zu öden und banalen Jobs auftauchen, die sie verabscheuen. Während der Körper anwesend ist, machen ihre Gedanken irgendwo auf einer tropischen Insel Urlaub. Dasein bedeutet, mit absoluter Absicht und Zielstrebigkeit präsent und engagiert zu sein.

Ein weiterer wichtiger Einfluss ist die Kraft der Dynamik, die ein formbarer Verbündeter zur Zielerreichung ist. Ohne Schwung kann es manchmal schwer sein, einem Sieg entgegenzusehen. Denk an dein letztes Projekt zurück, bei dem du Ausdauer und Dynamik bewiesen hast. Ich behaupte, dass deine Bemühungen mit Leichtigkeit und Perfektion erfüllt werden.

Momentum ist der Beschleuniger, der die Ausdauer antreibt. Während du deine Beharrlichkeit aufrechterhältst, übernimmt das Momentum das Steuer, um den Fortschritt zu beschleunigen. Künstler können bestätigen, dass jedes kreative Streben ein Eigenleben führt, sobald die Verpflichtung eingegangen ist, und es vorangeht.

Beharrlichkeit ist mächtig, Beharrlichkeit bringt dich weiter.

Beharrlichkeit bedeutet, durchzuhalten, trotz Hindernissen oder Rückschlägen weiterzumachen, um auf jeden Fall weiter voranzukommen. Beharrlichkeit ist eine starke Kraft, die du für deinen Erfolg nutzen musst. Wie du wahrscheinlich weißt, fällt dir der Erfolg nicht einfach in den Schoß; du musst Maßnahmen ergreifen, um Erfolg zu haben, und wie beim Erklimmen einer Leiter geht es Schritt für Schritt weiter vorwärts.

Abraham Lincoln ist das Paradebeispiel für Beharrlichkeit im Handeln. Bekannt als einer der größten Präsidenten der Geschichte, verlor Abraham 8 Wahlen, bevor er schließlich Präsident wurde. Er verlor auch zweimal sein Unternehmen und hätte sich darauf einstellen können, für immer ein Verlierer zu bleiben, aber er tat es nicht. Er war hartnäckig und glaubte, dass er seine Träume verwirklichen kann.

Ein weiteres großartiges Beispiel ist der wunderbare Kinderbuchautor Dr. Seuß. Sein Buch „And to Think I Saw It on Mulberry Street" wurde von 27 Verlagen abgelehnt, bevor es schließlich ein Ja erhielt. Viele Leute hätten nach einer Handvoll Ablehnungen aufgegeben, aber er hielt durch. Dr. Seuß wurde einer der größten Kinderbuchautoren der Welt und verkaufte mehr als 200 Millionen Exemplare seiner Bücher.

Ausdauer und Leidenschaft

Wenn du von etwas begeistert bist, stehen die Chancen gut, dass du hartnäckig darauf hinarbeitest. Hast du das Ziel, ein Autor zu werden? Möchtest du dein eigenes Buch veröffentlichen? Dann musst du beim Schreiben beharrlich und in der Lage sein, auch 10 oder 100 Ablehnungsschreiben für deinen Artikel oder dein Buch auszuhalten. Ich habe über viele Profisportler, Künstler, Geschäftsinhaber usw. gelesen. die mit vielen Rückschlägen konfrontiert worden sind, aber dennoch entschlossen waren, hartnäckig zu sein, und nach und nach bahnten sie sich ihren Weg zum Erfolg.

Was ist deine Leidenschaft?

Hast du eine Leidenschaft? Warst du schon einmal von etwas begeistert, hast es aber auf Eis gelegt, weil es nicht so schnell ging, wie du es gerne hättest? Ich fordere dich auf, tief zu graben und die Leidenschaften in dir wiederzuentdecken und einen Plan zu machen, um mit Beharrlichkeit voranzukommen, um die Leidenschaften zu befriedigen. Es ist einfacher, seine Träume aufzugeben, als durch Enttäuschungen und Rückschläge zu bestehen, aber es wird dich nicht erfüllen. Ein Glücksgefühl beim Überwinden der Hindernisse, Ängste und Rückschläge wird dich Tag für Tag erfüllen. Zu wissen, dass du bereit bist, alles durchzumachen, alles zu versuchen, um das zu bekommen, was du willst, ist ein sehr befreiendes Gefühl.

Wie ich meine Leidenschaft für das Consulting entwickelte

Das Werbegeschäft wurde nach all den Jahren langweilig, und die Zeiten änderten sich, als Kunden anfingen, auch für kleine Projekte nach Pitches zu fragen. Ich war es nicht gewohnt, so zu arbeiten. Ich war es gewohnt, mit Dreijahresverträgen und einer monatlichen Vergütung zu arbeiten. Also beschloss ich, dass ich in eine andere Richtung gehen musste. Ich habe gesehen, dass McKinsey für viele unserer Kunden gearbeitet hat und wie sie mit viel Respekt behandelt wurden, trotz oder gerade wegen ihrer hohen Honorare.

Also habe ich in Harvard ‚Business Review‘ studiert und einen Artikel über Markenberatung gelesen.

Ich glaubte an mich selbst, dass meine Kombination aus praktischem Wissen, kreativer Arbeit und theoretischem Hintergrund große Unternehmen anziehen könnte. Ich arbeitete an einer Methode namens ‚Brand Auditing‘ und stellte mein Programm alten und neuen Kunden vor.

Damit begannen die besten Jahre meiner Karriere. Großartige Arbeit, großartiger Ruf, Auswirkungen auf Unternehmen und Karrieren und nicht zuletzt Reisen um die Welt und großartige Bezahlung. Es gab allerdings auch eine dunkle Seite: Persönliche Entwicklung. Ich habe so viel gearbeitet wie noch nie. Natürlich hatte ich Assistenten, die mir geholfen haben, aber ich habe nicht alles gleichzeitig geschafft. Es war wirklich fantastisch, aber auch sehr stressig zur selben Zeit, da ich immer versucht habe, die Erwartungen meiner Kunden zu übertreffen.

Wie man hartnäckig ist

Jetzt, wo du weißt, dass Arbeit sinnvoll und notwendig ist, kannst du überlegen, wie du sie in deinen Alltag integrieren kannst. Es ist gar nicht so schwer, wie du vielleicht denkst. Sich zu entscheiden, bedeutet, sich zu verpflichten, nicht zu verzweifeln, egal, was man vorhat. Es geht darum, sich alles anzuschauen, was entlang deines Weges liegt, und es so gut wie möglich zu machen, damit du auf deinem Weg zu deinem Erfolg nicht untergehst.

Bist du schon mal an einen Punkt gekommen, an dem du einfach aufhören wolltest? Sprich doch mal mit Menschen, die dort schon einmal waren, und hole dir ein paar Tipps. Bist du übermäßig frustriert gewesen oder hast du einfach so aufgegeben? Betrachte dein Leben aus einer anderen Perspektive, konsultiere einen Arzt oder einen Psychologen, um dich neu zu orientieren und zu entspannen. Manchmal muss man nur seine Frustration mit anderen teilen, um für sich selbst neue Türen zu öffnen.

Du kannst dich auf den Weg machen, um dein Ziel zu erreichen. Denke dir: „Ich kann es tun, egal was!", und beobachte, wie deine Vorwärtsbewegung an Geschwindigkeit gewinnt. Es wird vielleicht nicht so laufen wie geplant, aber du wirst vorwärtskommen. Geh und lass dich von der Kraft leiten, um deine Leidenschaften zu verwirklichen!

Die Kraft der Leidenschaft ist stark. Nutzte sie!

Lektion

Konsequenz und Beharrlichkeit sind zwei schwer zu fassende Faktoren, die nicht zum Erfolg führen, wenn man sie nicht regelmäßig einsetzt.
Der Schlüssel zum Erfolg im Leben liegt in nachhaltiger Konsequenz und Beharrlichkeit.

10

Warum ist Entschlossenheit wichtig für den Erfolg?

Entschlossenheit, ein großes starkes Wort, das viel aussagt und selten im Unternehmeralltag fällt. Wieso ist das so? Was hält die ganze Welt davon ab, die wichtigsten Dinge für ihr Unternehmen zu tun? Das ist eine der wichtigsten Aufgaben. Manchmal ist es einfacher, Früchte vom Boden aufzusammeln, als die von hohen Bäumen zu pflücken. Entschlossenheit ist ein Thema, das mir sehr am Herzen liegt. Sie ist die Hauptzutat für jedes Geheimrezept zum Erfolg. Nutze deine Entschlossenheit, sie wird dir helfen! Bei der Bestimmung geht es darum, herauszufinden, was getan werden muss, und dann die geeigneten und auch sofortigen Maßnahmen zu ergreifen, um dies ohne Ablenkungen und Unterbrechungen zu tun.

Ein wesentliches Element, das zum Erfolg beiträgt, ist ein hohes Maß an Entschlossenheit. Entschlossen zu bleiben, ist nicht immer einfach und es wird manchmal auch etwas Schweiß und Blut benötigt. Es hört sich so an, als ob man die Grenze ohne Angst überqueren und bis zum Ende gehen kann.

Entlang der Linie gibt es eine Reihe von Hindernissen, die du verstehen musst, damit du entschlossen einen neuen Weg einschlagen kannst.

Die Entschlossenheit versteht sich sehr gut mit der Disziplin. Entschlossenheit ist die Entscheidung, dass etwas ein Fehler ist, oder dass du dir über deine Entscheidung im Klaren bist. Wenn du entschlossen bist, etwas zu tun, wirst du auch tun, was nötig ist, um dieses Ergebnis zu erreichen.

Es ist eine Kraft deines Geistes, die offensichtlich kein Nein als Antwort akzeptiert. In deinem Kopf und in deinem Herzen hast du festgestellt, dass es eine andere Lösung gibt und dass du sie nicht ablehnen wirst.

Wenn du eine Aufgabe hast, die du nicht lösen kannst, findest du eine Möglichkeit, sie zu lösen, und es wird funktionieren. Mit der gleichen Methode kannst du deine Bequemlichkeit auf eine neue Stufe des Erfolgs heben.

Du hast dich für deinen Weg und das Ergebnis entschieden – perfekt, denn solange du das nicht getan hast, hast du keinen Erfolg. Nur mithilfe der Entschlossenheit haben viele Menschen Erfolg erzielt, und das kannst auch du.

Entschlossenheit mit Disziplin, Ruhe, Fokus, und auch Durchhaltevermögen kann dir Erfolg bringen. Die Entschlossenheit ist der wichtigste Teil, der dich zu deinem Erfolg führt. Der Teil, der dir alle kleinen Stolpersteine aus dem Weg räumt, um großes zu erreichen.

Man findet immer ein Weg, auch wenn es auf den ersten Blick keinen gibt. Man prüft alles und fügt dann neue Dinge hinzu, um das gewünschte Ergebnis zu erzielen. Du musst alle deine bekannten Ressourcen nutzen und über deine Grenzen hinausgehen, um das Ziel zu erreichen.

Du bist immer darauf fokussiert, wie du deine Ziele erreichst, die du dir selbst gesetzt hast. Wenn du nicht weißt, wie man weitermacht, kann dir Entschlossenheit helfen, die Ziele zu erreichen, die du dir gesetzt hast. Gehe einen Schritt nach dem anderen, immer weiter bis zu deinem Ziel. Es gibt einen Punkt in deinem Körper, welchen du triffst, jedes Mal, wenn du kurz vor dem Aufgeben stehst. An diesem Punkt wird die Entschlossenheit geboren. Es ist der Punkt, an dem du sagst: „Ich werde nicht aufgeben. Ich werde es schaffen."

Es kommt darauf an, dass du selbst einen Unterschied machen kannst. Triff eine Entscheidung und gib nicht auf. Du wirst es schaffen, weil du der Meinung bist, dass deine Ziele es wert sind. Du hast in deinem Herzen gefühlt, dass es funktionieren wird. Wenn nicht sogar perfekt enden wird. Mit deinem Erfolg.

Alle Träume benötigen Entschlossenheit, um Realität zu werden. Jeder, der in diesem Leben bereits etwas erreicht hat, besaß Entschlossenheit.

Du kannst deine Träume mit Entschlossenheit erreichen.

Du kannst alles erreichen, was du willst.

Sei zielstrebig, denn langsam aber sicher werden auch deine Träume der Erfüllung näherkommen und schließlich Realität werden. Das ist das tollste Gefühl der Welt: Wenn man etwas erreicht hat, was man sich vorgenommen hat. Niemand kann dir dieses Gefühl oder die Arbeit nehmen, die es gekostet hat, es zu erreichen.

Eindeutig zustimmen

Wenn du an etwas arbeiten und zielstrebig bleiben willst, musst du dich zunächst selbst darauf konditionieren, so lange daran festzuhalten, wie du kannst. Wenn du zum Beispiel danach strebst, Gewicht zu verlieren, musst du zuerst eine Vereinbarung mit dir selbst treffen, um ernsthaft Erfolge zu sehen. Du musst dir selbst zustimmen und sagen, dass du dich jeden Tag bewegen oder weniger essen wirst, und dass du so lange wie möglich an dem Plan festhalten wirst. Nun, das bedeutet nicht, dass du deine Pläne nicht ändern kannst, denn es gibt immer neue Wege, um seine Ziele zu erreichen, und Entschlossenheit ist lediglich zielgerichtet, nicht handlungsorientiert. Es gibt also immer Verbesserungspotenzial. Das beweist die Entschlossenheit, etwas trotz Schwierigkeiten, Versuchungen, Schwachstellen und sogar Rückfällen bis zum Ende durchzuziehen. Indem du der Aufgabe, die viel Entschlossenheit erfordert, persönlich zustimmst, erreichst du eine innere Harmonie, die es dir ermöglicht, weiterzumachen und gute Arbeit zu leisten. Denn deine Ziele sind das, was wirklich zählt.

Vorhersehbare Ablenkungen

Menschen lassen oft los, wenn zwischendurch etwas passiert, was zu Ablenkungen, Zögern oder anderen abschreckenden Faktoren führt. Nehmen wir das Beispiel, Gewicht verlieren. Wenn du unerwartet schwanger werden solltest, wirst du alle deine Fortschritte auf Eis legen und dich komplett auf die Ernährung deines ungeborenen Babys fokussieren. Wahrscheinlich wirst du zunehmen müssen, um das Ungeborene sicher ernähren zu können. Du hast also nicht wirklich eine Wahl. Also, wenn das passiert, musst du dich daran erinnern, Entschlossenheit bedeutet, bis zum Ende zu gehen, und sobald du das verstanden hast, kannst du dir neue Ziele setzen. Du wolltest abnehmen, du warst entschlossen, jetzt kannst du das nicht mehr, aber du kannst das Vorhaben zu einem späteren Zeitpunkt wiederaufnehmen. Ja, der Schlüssel ist, konzentriert zu bleiben, auch wenn die Dinge nicht so laufen, wie du dir vorgestellt hast. Verliere nicht das Interesse an deinen Zielen, verfolge weiter alles, was du für selbstverständlich hältst. Vermeide Ablenkungen, Komplikationen und alles andere, was dazwischenkommt, es sei denn, du bist bereit, für andere deine Träume aufzugeben. Und sind wir mal ehrlich, ein Baby, ist definitiv ein Grund dafür.

Wissen, Rechte und Willenskraft

Du kannst nur entschlossen bleiben, wenn du genug Sichtbarkeit und Wissen über deine Ziele besitzt. Zum Beispiel ist es definitiv unmöglich, entschlossen zu bleiben, wenn du überhaupt keine Idee davon hast, was du eigentlich vorhast. Entschlossenheit kann nur helfen, wenn du wirklich von deinen Zielen begeistert bist. Du brauchst viel Wissen, Erfahrung und Willenskraft, die dich auf dem mühsamen Weg zu deinem Erfolg begleiten werden. Suche also zuerst nach Wissen, bevor du dich selbst darauf einschwörst, entschlossen zu bleiben. Auch hier geht es bei der Entschlossenheit darum, Harmonie zwischen dir und deinen Handlungen zu schaffen, also bemühe dich, über etwas zu entscheiden, denn das ist wichtig, also denke darüber nach.

Liebe und Hass

Um entschlossen zu sein, muss man entweder lieben oder hassen. Liebe bringt uns Passion, sie erleuchtet unsere Herzen und durchdringt uns mit einem sehr starken Energiestrom. Zum Beispiel hast du einen Unfall gehabt, und um dich nicht noch mehr zu verletzen, bist du vorsichtig geworden. Wenn dir aber etwas gefällt, würdest du dich wieder mehr anstrengen, um deine Ziele zu erreichen. Wenn du Tiere magst, würdest du alles dafür tun, dass sie geschützt werden. Sei dir also sicher, dass du das, was du liebst oder hasst, von Herzen lieben oder hassen musst, nur so erhältst du die Befähigung, entschlossen zu bleiben.

Wann brauchen wir Entschlossenheit?

Jeder einzelne von uns hat Ziele, die er in seinem Leben erreichen will - eine Karriere oder ein Leben in Wohlstand. Es ist ein Fakt, dass jeder einzelne von uns in seinem Leben versucht, alles zu erreichen, was er sich vorgenommen hat. Dennoch ist es leider nicht immer so einfach, wie es zunächst scheint. Es gibt Hürden in unserem Leben, und diese Hürden müssen wir überwinden. Welche sind die Hürden, die uns von unseren Zielen, von unseren Karrieren, von unserem Erfolg abhalten? Sie versperren uns oftmals den Blick, um unsere Ziele klar ins Auge fassen zu können. Die Hürden ziehen uns nach unten, sie machen uns negativ, sie sorgen dafür, dass wir nicht mehr wollen und das schlimmste von allem, sie machen uns hoffnungslos. Wie gehen wir damit um, dass wir nicht alles, was wir wollen, erreichen können? Wie können wir trotzdem unsere Ziele erreichen? Wahrscheinlich hast du bereits deine Freunde über diese Fragen ausgequetscht, hast viele Experten gefragt und hast viel unternommen, um es herauszufinden, weil du in deinem Leben erfolgreich sein möchtest. Aber manchmal vergessen wir, dass jeder Erfolg in unserer eigenen Macht liegt, seinen Ursprung in unserem Durchhaltevermögen hat. Ja, ohne ein wirkliches Durchhaltevermögen können wir nicht das schaffen, was wir wollen. Halte durch, und du wirst es schaffen.

Es gibt viele Definitionen für Erfolg. Das schöne aber feine Wort ‚Durchhaltevermögen' ist es, was uns am Ende weiterbringt. Es ist die Fähigkeit immer weiterzumachen, immer mehr zu versuchen und dabei niemals aufzugeben. Menschen mit viel Ausdauer sind meistens sehr hartnäckig, wenn es darum geht, ihre Ziele zu erreichen, egal was ihnen im Weg steht, oder welche Rückschläge sie erleben. Wieso beschreiben wir solche Menschen als hartnäckig? Ist es, weil es schwer ist, solche Leute in Schach zu halten? Ja und nein! Es ist, weil sie in der Lage sind sich komplett auf etwas zu fokussieren, wobei sie eventuell auch andere verletzen. Und das fängt an mit einer anhaltenden Überwindung, die dazu dient, all das Negative im Leben zu überwinden. Es ist wirklich wichtig, Konzentration und Ausdauer zu kombinieren, um die Vision von Erfolg zu erfüllen und auszuführen. Sind Hindernisse hilfreich, um beharrlicher weiterzumachen? Ein Mensch muss seinen Geist stärken und seinen Willen lenken, um das zu sein, was er sein möchte, um zu finden, wonach er sucht, und um zu erreichen, was er sich erträumt. Die fleißigsten, erreichen ihre Ziele. Die Hartnäckigkeit ist das, was den entscheidenden Unterschied macht.

Es ist nicht so einfach Hartnäckigkeit im Leben zu erhalten. Jedoch ist es genauso schwierig, Erfolg im Leben zu verbuchen.

Die Hartnäckigkeit und das Durchhaltevermögen sind da, aber oft werden diese Punkte nicht richtig kombiniert. Wir sagen manchmal: „Ich besitze Durchhaltevermögen", aber wir können es nicht richtig sehen. Das liegt einfach daran, dass wir nicht in der Lage sind, dieses auszunutzen. Wir üben es nicht wirklich aus. Die Motivation fehlt. Wie kannst du also deine Ziele erreichen, wenn du sie falsch angehst? Ja, es gibt Durchhaltevermögen, aber die Chance, dass du es nicht wirklich richtig nutzt, ist hoch! Nathaniel Bronner Jr. hat einmal gesagt: „Erfolg ist ganz oft keine Frage des Talentes, aber eine Frage des Durchhaltevermögens." Wenn unser Durchhaltevermögen nicht resistent ist, können wir nicht bis zum Ende hin durchhalten, was nötig ist, um unseren Zielen näher zu kommen. Wir würden bei Kleinigkeiten bereits aufhören und aufgeben, obwohl eigentlich noch nichts passiert ist. Uns werden Talente gegeben, die wir im Laufe unseres Lebens nutzen können, um unsere Träume zu verwirklichen. Dennoch, ein Mangel an Durchhaltevermögen stoppt uns davor, weshalb wir uns fragen: „Was habe ich falsch gemacht? Ich habe mein Bestes gegeben, aber es war nicht genug, Wie kann ich meine Träume verwirklichen?"

Nun musst du dich zurücklehnen und über das Erlebte nachdenken. Wohin ist deine Zeit gegangen? Wir sollten uns nicht von einem Satz von Sri Chinmoy abschrecken lassen, der lautet: „Es gibt keine automatische Veränderung des Geistes, keine mühelose Transformation der Seele." Inhaltlich bedeutet er, dass unsere Entwicklung vom Kopf ausgeht. Sri erklärt uns, wie wir erfolgreich sein können, wie wir unsere Unzulänglichkeiten in Erfolge umwandeln können. Wie du dich durchsetzen kannst, um Erfolg zu haben, hängt davon ab, wie du deine Hartnäckigkeit unter Beweis stellst. Wie weit deine Entschlossenheit gehen wird, hängt davon ab, wie du die Möglichkeiten und Gelegenheiten zum Erfolg im Leben auslotest. Deine Fähigkeiten und deine Entschlossenheit müssen für dich die Richtschnur sein, um dem Weg des Erfolgs zu folgen. Lass dich von Hartnäckigkeit durchströmen, bis du das glorreiche Ziel deines Erfolgs erreicht hast!

Wie baut man Selbstbestimmung auf?
Um entschlossen zu sein, braucht mein einen Willen, der nicht einfach zu täuschen ist. Selbstbestimmung bedeutet, immer eine Lösung zu haben, von der man nicht abgelenkt werden kann.

Selbstbestimmung bedeutet daher auch, motiviert zu sein und sich inspirieren zu lassen von speziellen Situationen oder Umständen oder Erfahrungen, ohne aufzugeben oder das Boot zu verlassen, bevor du das Ziel wirklich erreicht hast. Es ist dein persönliches Anliegen, die Lösung zu finden, damit du nicht als Verlierer dastehst, sondern immer ausschließlich als Gewinner. Es braucht eine „Win-Win" Einstellung für dieses Mindset.

Aber wie baust du dir nun Selbstbestimmung oder Selbstbewusstsein auf? Es gibt viele Wege, dies zu tun, aber lass mich dir helfen, indem ich zunächst auf einen Weg etwas detaillierter eingehe.

Fokus
Fokus ist eine sehr starke Zutat beziehungsweise Fähigkeit, die man benutzen kann, um Selbstbestimmung zu erlangen. Es ist jedoch nicht immer einfach, fokussiert zu bleiben. Weißt du,

wie viele Gedanken dir durch den Kopf geschossen sind, allein, während du diesen Text bis hierhin gelesen hast? Genau so schwierig ist es, konzentriert zu bleiben. Genauso schwierig ist es, Selbstbestimmung zu erlangen und vor allem zu behalten, ohne zurückzuschauen auf eine Aufgabe, die du dir bereits gesetzt hast. Schaue nach vorne, konzentriere dich und bleibe fokussiert.

Denk mal darüber nach, wie sehr wir alle von unseren Zielen und Träumen abweichen, weil es heutzutage so schwer ist, alles oder zumindest irgendetwas zu erreichen, auf das man sich beziehen kann. Wir alle fallen sehr leicht in dieses Loch und verlieren dabei unsere Kontrolle.

Um diese entmutigende Herausforderung zu meistern und uns im Leben auf all das zu konzentrieren, was uns unseren Zielen, Träumen und Errungenschaften näher bringt, müssen wir Zeichen und Maßstäbe setzen, um den Fortschritt in allem, was wir tun, zu messen. Mache dir Notizen zu deinen Fortschritten und erinnere dich daran, was du alles bereits errungen hast, in deinem Leben.

Während eines Arbeitsprozesses ist es wichtig, dass man sich auch auf die kleinen Dinge bezieht. Man kann einen großen Fehler nicht von jetzt auf gleich reparieren, sondern immer in kleinen Abschnitten, damit wir uns auch über kleine Dinge oder kleine Errungenschaften freuen können. Das ist sehr wichtig, um fokussiert zu bleiben, und am Ende des Tages hilft es uns auch, unsere Selbstbestimmung zu finden.

Jeder kann von sich selbst sagen, dass er hartnäckig und fokussiert ist, bis er auf eine wirkliche Herausforderung trifft, die er nicht eingeplant hat, und es braucht nur einige wenige Minuten, bis wir in solchen Situationen aufgeben. Genau das müssen wir vermeiden, also sage es dir nicht nur selbst, dass du hartnäckig bist, sondern zeige es auch!

Fokussiert zu bleiben, ist keine einfache Aufgabe. Wir nehmen sie auf uns, denn wir müssen es schaffen, damit unseren Ideen wirklich richtig ausgeführt werden können, und damit wir unsere Ziele erreichen.

Wenn es dir gelingt, dich auch auf die kleinen Dinge zu fokussieren, werden sich die Erfolge einstellen. Du wirst später merken, wie sehr es dir geholfen hat, deine Ziele zu erreichen und deine Selbstbestimmung zu finden, nicht nur kurzfristig, sondern auch langfristig.

Ich gebe dir diese kleine, aber effektive Aufgabe. Nimm dir eine Sache von deiner ‚To-Do-Liste‘, die schon seit einiger Zeit dort verweilt; nimm dir bewusst nichts, was allzu umfangreich ist. Es dürfte dir nicht so schwerfallen, da jeder von uns etwas auf seiner ‚To-Do-Liste‘ stehen hat, jeder trägt etwas mit sich herum, was er immer wieder herausgezögert hat. Nun, nimm die Herausforderung an, und versuche sie, so gut es geht zu lösen. Schiebe sie nicht weiter nach hinten, schließe die Tür zu deinem Büro von innen zu, fokussiere dich und erledige deine gewählte Aufgabe.

Wenn du Hartnäckigkeit besitzt, besitzt du automatisch auch die Fähigkeit, alles zu schaffen, was du dir vornimmst - nichts kann dich aufhalten. Viele von uns haben einfach kein Durchhaltevermögen, was uns daran hindert, unsere Ziele zu erreichen. Wir werden immer wieder abgelenkt durch E-Mails, unser Handy, die Nachrichten. Alles, was du dir irgendwie vorstellen kannst, ist eine Ablenkung für uns. Schaffe diese Ablenkungen aus dem Weg und fokussiere dich voll und ganz auf deine Ziele, bis du sie erreicht hast.

Sachen endlich beenden

Was unterscheidet eigentlich die Gewinner von den Verlierern in der heutigen Unternehmerwelt? Durchhaltevermögen! Dieses einfache, dennoch unfassbar starke Wort ist der Grund, weshalb viele Menschen heutzutage in der Businesswelt scheitern. Sie besitzen einfach kein Durchhaltevermögen, um Sachen zu beenden. Sie arbeiten immer mehr daran, Ausreden zu finden, welche Sie nutzen, um sich selbst zu sagen „Ich muss das gar nicht machen". Wenn man irgendwann an den Punkt gekommen ist, wo man seine Ausreden beherrscht, hört man nie wieder damit auf, diese zu benutzen. Das bedeutet zugleich, dass man nie wieder seine Ziele erreichen wird, weil man nicht in der Lage ist zu machen, was wirklich notwendig ist.

Jetzt ist es an der Zeit, dass du selbst Verantwortung für deine Taten übernimmst. Hör auf, andere zu beschuldigen und fang endlich an, etwas zu tun! Wenn du Probleme damit hast, Sachen zu beenden, finde jemanden, der dir dabei helfen kann. Es gibt immer Menschen, die bereit sind, dir zu helfen. Arbeitskollegen, Freunde oder auch Coaches, deine Familie. Es gibt immer Menschen, die bereit sind, dir zu helfen, du musst einfach nur fragen. Glaube mir, du wirst diese Entscheidung nicht bereuen.

Hier sind einige einfache Tipps, wie du das schaffen kannst:

Handy – Schalte dein Handy in den ‚Nicht stören' Modus oder mache es am besten direkt aus. Wenn dein Handy klingeln sollte, dann lass es einfach klingeln. Wenn es wirklich wichtig war, werden sie dir eine Nachricht hinterlassen. Das, was du in diesem Moment machst, ist viel wichtiger als das, was irgendjemand anderes gerade von dir möchte. Experten sagen, es dauert durchschnittlich 10-15 Minuten, bis wir uns nach einer Unterbrechung wieder konzentrieren können. Vermeide es also, durch dein Handy abgelenkt zu werden.

Schließe die Tür – Schließe die Tür zu deinem Büro und akzeptiere keine Unterbrechungen. Wenn du einen Assistenten hast, bitte freundlich darum, jegliche Unterbrechungen zu vermeiden.

Gehe aus deinem Büro raus – Ich persönlich schreibe eigentlich immer am besten, wenn ich mit dem Flugzeug reise. Dieses Buch bildet dabei keine Ausnahme. Du musst natürlich nicht sinnlos irgendwo hinfliegen, um erfolgreich zu sein, aber das ist eben die Taktik, die für mich funktioniert. Vielleicht kannst du besonders gut an ruhigen Orten arbeiten, oder in einem Café (Cafés finde ich besonders interessant, weil viele Menschen sich zum Arbeiten dorthin begeben, und wenn man ins Gespräch kommt, kann man viel von ihnen lernen). Hauptsache, du kannst dich fokussieren und bist konzentriert!

Verantwortlichkeit – Viele Unternehmen heutzutage legen kaum noch Wert auf Verantwortlichkeit. Es gibt diese Angst davor, Verantwortung zu übernehmen. Erfolgreiche Menschen fühlen sich immer für andere Menschen verantwortlich. Hier empfehle ich dir, in einen Mentor zu investieren, oder in eine Gruppe, die dir beibringt, verantwortungsbewusster zu werden.

Delegieren – Gib einfache Aufgaben ab, die andere ebenso gut erledigen können. Das wird dir erlauben, dich auf die wirklich wichtigen Aufgaben zu konzentrieren. Du kannst entweder nur einen kleinen Teil an andere weitergeben oder auch mal etwas größere Aufgaben. Halte es so, wie du dich am besten mit fühlst. Alles kann an andere weitergegeben werden, solange du das richtige Team an deiner Seite hast.

Das Einzige was jedoch zählt, ist, dass du deine Vorhaben beenden kannst. Dass du etwas schaffst. Je länger du Vorhaben und Projekte nach hinten schiebst, desto länger wird es dauern, diese zu beenden und nach vorne zu kommen. Durchhaltevermögen ist hier der Schlüssel, um Störungen zu vermeiden und dich auf die wichtigen Dinge in deinem Unternehmen zu fokussieren, um deinem Business einen guten Start zu ermöglichen.

Lektion

Du hast es in dir. Irgendwo tief in dir. Du hast Blut und Wasser geschwitzt und einen Erfolg verdient!
Denke daran, was dich motiviert, denke an das, was dich erwartet, solltest du deine Ziele erreichen.
Dein Durchhaltevermögen wird dich überall hinbringen, wo du hinmöchtest.

11

Großartige Menschen, die einst gescheitert sind.

Wir haben alle schon einmal an irgendeinem Punkt in unserem Leben die falsche Entscheidung getroffen. Besonders dort, wo wir uns unwohl gefühlt haben. Du bist, was das angeht, nicht allein!

Ich selbst, dein Mentor, dein Vorbild, der wohlhabendste Mensch - der übrigens auch bereits gescheitert ist und auch heute immer mal wieder scheitert - scheitert auch immer wieder mal.

Nur weil du einen Abschluss nicht bestanden hast, oder dein Mentor einen Vertrag nicht bekommen hat, macht das Fehler noch lange nicht schlimmer, als sie sind.

Die Definition des Begriffs „Versagen" hat philosophisch gesehen in unserer Gesellschaft nicht dazu geführt, dass das Wort an sich schlechter verstanden wird.

Misserfolge scheinen uns so ‚dumm‘ zu sein, dass wir nicht einmal einen Versuch wagen würden, um überhaupt etwas daraus zu lernen. Das hat dazu geführt, dass viele Menschen wie Hamster in einem Rad verharren, obwohl sie das Potenzial haben, viel mehr zu leisten.

Es sind immer diejenigen, die sich getraut haben weiterzugehen, diejenigen, die aus ihren Fehlern gelernt haben, die den wirklichen Erfolg erleben.

Wobei der Ängstliche das Scheitern als sein persönliches Manko ansieht; als ein Monster, das sein Leben bestimmt, wenn man es eigentlich eher wie Henry Ford sehen sollte: „Scheitern ist eigentlich nur eine Möglichkeit, von vorne zu beginnen und dabei aus deinen Fehlern zu lernen“.

Immer und immer wieder hast du davon gelesen, gehört oder es wurde an dich herangetragen: Viele verschiedene Erfolgsgeschichten, eigentlich jede einzelne Erfolgsgeschichte basiert auf Fehlern, dennoch denkt unser Gehirn nur an das positive und übersieht hierbei, was alles schief gegangen ist, ehe es zu einem Erfolg kam. Wir sehen immer nur das ‚Happy End‘ und vergessen dabei den harten Weg, der gegangen werden musste.

Dann versagst du, und du siehst es plötzlich als das schlimmste Ereignis in deinem bisherigen Leben an und findest es unfair, dass es immer nur dir passiert. Du musst dir die Erfolgsgeschichten von anderen Menschen ansehen, dich dabei jedoch auf die Fehler konzentrieren. Sie haben sich keinen Druck von unserer Gesellschaft machen lassen, sondern haben ihr eigenes Ding durchgezogen. Ich bin mir sicher, dass du, wenn du dir solche Geschichten einmal etwas genauer ansiehst, schnell feststellen wirst, dass Fehler dir auch weiterhelfen können. So bekommst du eine neue Herangehensweise an das Scheitern.

JACK MA

Ich liebe wirklich die Geschichte von Jack Ma, weil sein unfassbarer Wille, ein erfolgreiches Leben zu führen, ihn am Ende nicht enttäuscht hat.

Jack Ma (früher Ma Yun) war ein durchschnittliches Kind, wie die meisten von uns. Er wuchs in einer normalen Nachbarschaft in Süd-Ost-China auf. Er war kein Genie, genauso wenig war er ein Computer Nerd.

Er war ungefähr 31 Jahre alt, als er das erste Mal einen Computer zu sehen bekam. Seine Eltern waren nicht reich oder einflussreich, er wurde als Sohn von musikalischen Eltern geboren, welche ein sehr schlechtes Einkommen hatten und unterhalb der heutigen Mittelklasse gelebt haben.

Nichts in Jack Mas Leben war besonders oder in irgendeiner Weise speziell. Er war ein normales Kind, Teenager, junger Erwachsener, der seine Fehler machte und sich durch das Leben gekämpft hat. Kurz gesagt: Auch in Jack Mas Leben haben Fehler eine sehr große Rolle gespielt.

Also, wie wurde er zu einem der erfolgreichsten Menschen auf diesem Planeten?

Er hat einfach aus seinen Fehlern gelernt und immer weitergemacht.

Jack Ma selbst hat seine Erfolgsgeschichte als lange Reise mit vielen Fehlern und Rückschlägen beschrieben:

"Ich habe einen sehr wichtigen Test in der Grundschule verhauen, mindestens zweimal. In der weiterführenden Schule dasselbe, mindestens dreimal. 3 Jahre lang habe ich versucht, an eine Universität zu kommen. Ich habe versagt. Ich habe mich für 30 Jobs beworben und habe keine einzige Zusage bekommen. Ich habe mich sogar bei KFC beworben, als sie ihre ersten Filialen in China eröffnet hatten".

24 Leute haben sich für den Job beworben, 23 wurden eingestellt und ich war der einzige, den sie abgelehnt haben. Ich habe mich erneuet für Harvard beworben, 10-mal – abgelehnt. Ich denke, wir müssen uns an Absagen im Leben gewöhnen. Das Einzige, was wir nicht vergessen dürfen: „Gib niemals auf" – Jack Ma.

Versagt, abgelehnt, versagt, abgelehnt, versagt, abgelehnt – Das war ein Teil seines täglichen Lebens, Teil des Lebens eines Mannes, der heutzutage ganz China beeinflusst und einer der reichsten Menschen Chinas geworden ist.

Also, es ist noch nicht vorbei, nur weil du eine Reihe von Absagen bekommen hast. Es ist nur vorbei, wenn du selbst aufgibst.

MICHAEL JORDAN

Du kennst bestimmt Michael Jordan, oder? Der erfolgreiche Basketballspieler. Wer kennt ihn nicht.

Aber hast du dir schon mal die Zeit genommen und dir seinen Lebenslauf angesehen? Wie er von klein auf gekämpft hat, um die Leiter des Erfolgs hochzuklettern?

Der Hauptaspekt, der sein Leben komplett verändert hat, war definitiv kein glücklicher. Als er in der High-School war, hatte er sich für das Basketball Team der ‚Larry High-School# angemeldet und war mit großer Zuversicht davon ausgegangen, angenommen zu werden. Leider wurde er ziemlich enttäuscht, als die entscheidenden Listen veröffentlicht wurden, und er seinen Namen nicht finden konnte. Oops!

Stattdessen stand sein Name beim ‚Junior Team'. Auf den ersten Blick war das ziemlich deprimierend.

Michael hat sich so schlecht gefühlt, dass er mit dem Basketball spielen aufgeben wollte, aber seine Mutter hat weiter an ihn geglaubt und ihm gesagt, er solle es weiter versuchen. Das hat Michael geholfen, seine Fehler einzusehen und aus ihnen zu lernen, damit er in der Zukunft noch besser wird.

Er hat es akzeptiert von nun an für das Junior Team zu spielen und hat alles gegeben, um weiter aufzusteigen. Hier ist eine seiner Aussagen: „Immer, wenn ich trainiert habe und erledigt war, körperlich nicht mehr konnte und aufhören wollte, habe ich meine Augen geschlossen und gedanklich auf die Liste am Brett geschaut, auf der mein Name nicht drauf war. Aus Motivation habe ich danach immer weitergemacht, ich war nicht mehr zu stoppen, weil ich unbedingt mein Ziel erreichen wollte."

Seine Reaktion auf die Ablehnung beschreibt er so: „Ich bin in mein Zimmer gegangen, habe meine Tür geschlossen und habe geweint. Ich habe lange geweint und ich konnte nicht aufhören".

Dennoch hat ihm seine Willenskraft die nötige Kraft verliehen weiterzumachen, er war nicht in der Lage seine Träume auf Eis zu legen, das Bild, das er von seiner Zukunft hatte, zu vergessen. Merkst du, wie magisch so ein Moment sein kann?

Was bedeutet das also? Als Michael endlich erfolgreich wurde, hat er seine praktisch seine Fehler gefeiert und Sie als Katalysator für seinen Erfolg ansehen.

"Ich habe mehr als 9000 Körbe in meiner Karriere nicht erzielt. Ich habe bestimmt um die 300 Spiele verloren. 26 Mal wurde mir der entscheidende Wurf anvertraut, und ich habe versagt. Ich habe in meiner ganzen Karriere immer und immer und immer wieder versagt. Und das ist es, was meinen Erfolg ausmacht. – Michael Jordan

Ohne Frage, Jordan ist jemand, der genau wusste, wie er aus seinen Fehlern lernen konnte.

Er hat realisiert, dass er nur erfolgreich werden kann, wenn er vorher versagt hat, da ihm das den finalen Input gegeben hat, neue Versuche zu starten, bis er es geschafft hatte.

Hat er den Weg zum Erfolg genossen? Nein!

Aber er war offen genug, die Lektionen zu lernen, die ihm geholfen haben. Und für Michael Jordan hat es sich am Ende ausgezahlt. Genauso wird es auch bei dir sein.

Heute ist Michael Jordan einer der erfolgreichsten Basketballspieler überhaupt, und er führt Statistiken an mit 6672 Körben, 5633 Vorlagen und 32292 Punkte insgesamt. Was für ein Erfolg!

Aber das war nur möglich, weil er es geschafft, hat sein Versagen in etwas Positives zu verwandeln und sich beim nächsten Mal mehr fokussiert hat.

Merke dir: Wenn du nicht mehr kannst und nicht mehr weitermachen willst, halte kurz inne, atme tief ein, schließe deine Augen und stell dir vor, was du nicht erreichen würdest, wenn du jetzt aufhörst. Und schon fällt es leichter, das Durchhalten und Weitermachen!

STEPHEN KING

„Wir haben kein Interesse an ‚Science-Fiction‘, wo es nur um eine destruktive Utopie geht. Sowas verkauft sich nicht"

Das war die Antwort, die Stephen von einem Herausgeber bekam, welcher das Manuskript für sein Buch „Carrie" gelesen hatte. Ein Roman, der zu einem Welterfolg wurde, obwohl er zunächst von 30 Verlagen abgelehnt worden war!

Stephen hatte zunächst sein Versagen akzeptiert und die Ablehnungen dahingehend interpretiert, dass seine Fähigkeiten einfach nicht ausreichten, um ein gutes Buch zu schreiben.

Schließlich hat er noch einmal versucht, einen Verlag zu finden, nachdem seine Frau in dazu animiert hatte. Es ist also kein großes Wunder, dass er das Buch seiner Frau gewidmet hat: Tabitha.

Heute ist Stephen King einer der erfolgreichsten Autoren der Gegenwart, mit mehr als 350 Millionen verkauften Büchern.

Dennoch, die Ablehnung von ‚Carrie' war für Stephen ein Riesenschock und es war nicht das einzige Mal, dass er eine prägende negative Erfahrung gemacht hat. Er wurde bereits als Kind oft gehänselt und hat all diese Ablehnungen auf ein Blatt geschrieben und auf einen Nagel an der Wand aufgespießt. Nach einiger Zeit reichte der Nagel nicht mehr aus und er musste den Nagel gegen einen Spieß ersetzen. Ich bin damit vertraut, dass Menschen ihre Urkunden und Preise an die Wand hängen. Aber ihre Ablehnungen? Das ist wirklich ein Ding!

SOICHIRO HONDA

Hier haben wir ein weiteres Beispiel für einen Mann, der gegen Ablehnungen kämpfen musste. Auch er hat niemals aufgegeben, und selbst als die Welt seine Visionen nicht teilen wollte, wusste er, was er will und was er erreichen möchte. Selbst seine mangelnde Ausbildung und sein nicht vorhandener Abschluss haben ihn nicht davon abgehalten, seinen Weg zum Erfolg einzuschlagen.

Sochirio hat im Alter von 15 Jahren eine Ausbildung in einem Automobilgeschäft begonnen. Er arbeitete dort für 6 Jahre, dann konnte er sein erstes eigenes Geschäft eröffnen.

Mit 31 Jahren hat er angefangen, Kolbenringe für Toyota anzufertigen. Er beschäftigte sich mit dem Thema, auch wenn es nicht sehr aussichtsreich war. Er hat alles für seine Erfindung getan, aber am Ende wurde er von Toyota abgelehnt.

Sochirio hat nicht aufgegeben, stattdessen hat er zwei weitere Jahre an der Ingenieurschule investiert, um seine Erfindung zu verbessern. Die Arbeit hat sich ausgezahlt.

Zwar wurde ihm der Erfolg nicht auf einem Goldtablett serviert, sondern er hat ihn sich erarbeiten müssen, durch starke Leistung und Beharrlichkeit, trotz vieler Rückschläge und vielen Lektionen, aus denen er gelernt hat.

Nach vielen Versuchen hat er es irgendwann geschafft und einen Zulieferervertrag von Toyota erhalten. Aber das war noch nicht das Ende der Geschichte.

Sochirio wurde von der Realität eingeholt. Erst kam der Krieg, dann wurde seine Firma von einem Erdbeben getroffen. Nach dem Krieg hatte er logistische Probleme, seine Familie mit Lebensmitteln zu versorgen und entwickelte einen kleinen Motor für sein Fahrrad, der es ihm ermöglichte, größere Strecken in einer kürzeren Zeit zurückzulegen und das war der Beginn der Motorradproduktion,

Sochirios starker Wille hat es ihm tatsächlich ermöglicht, trotz der vielen Rückschläge, Erfolg zu haben.

Heute, ist sein Unternehmen ein Riesenimperium und macht mit seinem ersten Vertragspartner Toyota Konkurrenz.

Es stimmt also, überall da wo ein Wille ist, gibt es auch einen Weg. Und Sochirio hat seinen Weg gefunden.

ABRAHAM LINCOLN

Abraham Lincoln ist und bleibt einer der bekanntesten Menschen der Geschichte.

Nicht allein, weil er der 16. Präsident der Vereinigten Staaten wurde, sondern weil er eine Führungspersönlichkeit war, die anders war.

Lincoln war ein Mann mit Durchhaltevermögen, er war ein Freund vom Versagen.

Lass mich ein wenig über ihn erzählen.

Im Alter von 23 Jahren hat Lincoln seinen Job verloren. Zur selben Zeit wurde er abgelehnt, als er sich um einen Posten bei der Landesregierung bewarb. Drei Jahre später erlebte er einen weiteren Rückschlag, als seine geliebte Ehefrau starb.

Einige Zeit später, mittlerweile 29-jährig, bewarb er sich auf die Stelle des offiziellen Sprechers des ‚Illinois House of Representatives, wurde aber wiederum abgelehnt.

Mit 49 versuchte er, als U.S. Senator in den Senat zu ziehen. Das hat ebenfalls nicht funktioniert.

Trotz all dieser Ablehnungen hat er es geschafft, seine Rückschläge und negativen Erfahrungen zu überwinden und sich selbst, sein Unternehmen und seine politische Karriere aufzubauen.

Nichtsdestotrotz wurde er mit 52 Jahren der 16. Präsident der Vereinigten Staaten. Eine lange und beschwerliche Reise hat sich letztendlich ausgezahlt.

Er hat das höchste verfügbare Amt der USA eingenommen, nur weil er nicht aufgegeben hat.

ALBERT EINSTEIN
Was kommt dir in den Kopf, wenn du diesen Namen siehst? Albert Einstein.

„Er war ein Genie!"

Aber eigentlich war es anders, Albert hat sich durch die Welt der Wissenschaft kämpfen müssen. War er schon immer ein Genie? Nein, auf keinen Fall!

Alberts Kindheit war das genaue Gegenteil von dem, was er später wurde.

Der Kleinkind hatte Albert eine Entwicklungsverzögerung und konnte erst mit 4 Jahren Sätze artikulieren.

Er bestand die Prüfung für den Zugang zur Eidgenössischen Polytechnischen Schule in Zürich nicht und hatte Probleme während seiner gesamten Studienzeit. Tatsächlich entging er nur knapp dem Schulabbruch.

Alberts Lebensweg war so wenig gradlinig, dass sein eigener Vater zu Lebzeiten nicht glaubte, dass sein Sohn etwas in seinem Leben erreichen würde.

Albert machte jedoch das Beste aus seinen Misserfolgen, was ihn zu einem der brillantesten Köpfe machte, die je gelebt haben.

OPRAH WINFREY
Oprah Winfrey ist nicht nur einfach eine bekannte Person, sondern sie ist eine globale Berühmtheit. Eine Frau, die durch ihre Taten an Klasse gewonnen hat.

Auch wenn wir Oprahs Lebensweg nicht mit dem von anderen Personen vergleichen können, können wir trotzdem sagen, dass Oprah es schwer hatte.

Als Tochter einer alleinerziehenden Mutter aus Mississippi, ist Oprah nicht nur in Armut aufgewachsen, sondern hat auch sexuellen Missbrauch erfahren, was im Alter von 14 Jahren zu einer Schwangerschaft und der Geburt eines Sohnes geführt hat. Das Neugeborene ist jedoch nach wenigen Wochen gestorben.

Oprah hat ihre prekären Verhältnisse nicht die Oberhand gewinnen lassen. Sie hat einfach ihre Vergangenheit hinter sich gelassen und nach vorne geschaut. Sie hat für ihre Träume gelebt.

Mit 17 Jahren hat sie einen Schönheitswettbewerb gewonnen und hat ein Praktikum bei einem Radiosender erhalten, und direkt nach dem College einen Job gefunden.

Trotzdem war ihr Weg nicht gradlinig. Sie wollte ins Fernsehen, was ihr zunächst nicht gelangte.

Die Fernseh-Ikone von heute wurde damals als ‚nicht geeignet' abgestempelt. Ich denke, das schockiert dich ebenso wie mich!

Oprah drängte weiter, ignorierte jedes Hindernis und blieb ihrer Leidenschaft treu. Später bekam sie einen anderen Job, der sie aufgrund ihrer ausgeprägten Persönlichkeit befähigte, eine neue Show namens AM Chicago zu übernehmen.

Danach wurde die Show zu ihrer eigenen Show – Oprah Winfreys Show die bis heute die Basis bildet für ihre Popularität und ihren Erfolg.

ROBERT T. KIYOSAKI

Ja! ‚Rich Dad, Poor Dad' kommt dir in den Kopf, wenn du diesen Namen hörst: Robert Kiyosaki. Hast du dich jemals gefragt, wie es jemand geschafft hat, die Mentalität von zwei verschiedenen Vätern in Bezug auf Finanzen vergleichen konnte? Das hat er bestimmt nicht in der Schule gelernt.

Das Leben hat ihn das gelehrt. Ja! Nämlich eine Reihe von Fehlern, die er begangen hat.

Mit 30 Jahren hatte Kiyosaki sein eigenes Unternehmen gegründet und ist direkt bankrott gegangen. Nach 3 Jahren hat er erneut ein Unternehmen gegründet, aber die Geschichte wiederholte sich, und er scheiterte erneut.

Nach diesen zwei Misserfolgen, die ihn allerdings mit reichlich Erfahrung ausgestattet hatten, gründete er mit 38 Jahren ein Bildungsunternehmen für Finanzen. Später verkaufte er das Unternehmen, um eine Karriere als Schriftsteller aufzunehmen.

Obwohl Kiyosaki nicht sofort vom Glück verfolgt war, hat er durch Erfahrung Erfolge erzielt. Und mit 50 Jahren schrieb er das Buch, das ihm internationale Anerkennung einbrachte.

HENRY FORD

Ford war 28 Jahre alt, als er beschloss, als Ingenieur für Edison Illuminating zu arbeiten. Während seiner Tätigkeit in diesem Unternehmen begann er, mit Benzinmotoren zu experimentieren.

Es dauerte 5 Jahre bis die Konstruktion seines ersten selbstfahrenden Gefährts fertiggestellt war. Bauen konnte er das Gefährt mit der Unterstützung von William H. Murphy (einem Holzbaron in Detroit), was kurze Zeit später zu der Gründung des bekannten Automobilunternehmens in Detroit führte.

Trotz der offensichtlichen Erfolgsgeschichte kam es nach einiger Zeit zu Rückschlägen aufgrund finanzieller und technischer Schwierigkeiten. Das Unternehmen versagte.

Ford wandte sich an Freunde und Experten, und er gab nicht auf. Er suchte nach weiteren Möglichkeiten, und er versuchte es mit einem neuen Auto. Die Suche war erfolgreich.

Gott gab ihm alles, was er brauchte, um einer der erfolgreichsten Industriellen zu werden, die je gelebt haben.

Und auch heute noch ist Ford ein Name, der auf der ganzen Welt bekannt ist.

Gott sei Dank hat er nicht aufgegeben!

MAYA ANGELOU

Ihre Stimme hat uns Freiheit gebracht, Hoffnung und Glück. Sie war eine furchtlose Frau, eine Frau, die sich ihr Versagen zunutze gemacht hat.

Mayas Eltern haben sich getrennt als sie drei Jahre alt war, weshalb sie und ihr um 1 Jahr älterer Bruder bei ihren Großeltern unterkamen.

Als sie 8 Jahre alt war, entschied ihr Vater, dass die Kinder von nun an bei ihrer Mutter leben sollten. Der Lebensgefährte ihrer Mutter missbrauchte Maya mehrfach als Kind.

Sie hatte den Mut auf, ihren Bruder über den Missbrauch zu informieren, der daraufhin den Rest der Familie in Kenntnis setzte. Der Täter starb kurz darauf. Dieser Vorfall hat Maya 5 Jahre schweigen lassen.

Genau! Fünf ganze Jahre lang sprach Maya kein einziges Wort. Sie befand sich in einem großen Schockzustand.

Nach der Schweigephase erklärte sie: „Ich dachte, meine Stimme hat ihn umgebracht. Ich dachte, ich hätte diesen Mann getötet, weil ich seinen Namen gesagt habe. Ab diesem Punkt habe ich mir vorgenommen, nicht mehr zu sprechen, damit meine Stimme nicht noch mehr Menschen tötet."

In Mayas Leben kam es zu weiteren unliebsamen Ereignissen. Als junge Frau kam Sie mit dem Thema Prostitution in

Berührung. Sie hat ihr einziges Kind bereits mit 17 Jahren bekommen.

Sie hat insgesamt zwei Mal geheiratet, und beide Ehen sind gescheitert. Sie hatte zwei große depressive Phasen in ihrem Erwachsenenleben. Die erste wurde durch das Attentat an Malcolm X ausgelöst, mit dem sie zusammen in der Bürgerrechtsorganisation (die Organisation von Afro-Amerikanischer Einheit) gearbeitet hatte. Die zweite depressive Phase folgte auf die Ermordung von Martin Luther King Jr., mit dem Sie ebenfalls gearbeitet hatte.

Maya hatte viele Rückschläge im Leben zu meistern, auch Maya ist also oft gescheitert, aber sie konnte trotzdem immer weitermachen.

Sie baute ihre Stimme auf der Grundlage des Scheiterns auf, die für viele zu einem Trost wurde, indem sie zu einer unglaublichen Bürgerrechtsaktivistin wurde, die mehrere Autobiografien veröffentlichte.

Aufgrund ihrer herausragenden Arbeit wurden ihr Dutzende von Auszeichnungen und 50 Ehrentitel verliehen.

CHRIS GARDNER

Ist dir dein Versagen peinlich? Schau dir noch mehr Erfolgsgeschichten erfolgreichen Menschen an.

Hast du schon einmal den Film „Das Streben nach Glück" gesehen?!?

Dieser Film wird dir sicherlich die Tränen in die Augen treiben. Der Film schildert den Kampf, die Rückschläge und Misserfolge eines Mannes – Chris Gardner, Happy End inklusive.

Chris Gardner wurde 1954 geboren und hatte eine schwierige Kindheit. Man könnte sagen, dass Gardner schon seit seiner Kindheit gegen das Scheitern gekämpft hat, kein Wunder, dass er ein außergewöhnlicher Vater wurde.

Als Kind hatte er Kontakt zu Armut, Gewalt, Alkohol und vielem mehr. Dennoch hat er seinen Schulabschluss geschafft und ist anschließend der Navy beigetreten.

Danach hat er einen Job als medizinische Hilfskraft angenommen und aufbauend auf diesem Wissen einen Vertrieb für medizinische Produkte gegründet. Er hat sehr viel Geld in das Unternehmen gesteckt, in der Hoffnung, dass es erfolgreich wird.

Aber seine Firma war nicht erfolgreich, er scheiterte. Er ging bankrott und zu allem Unglück trennte sich seine Frau von ihm. Das hat nicht nur Gardner selbst, sondern auch seinen Sohn schwer getroffen.

Gardner verlor alles und kämpfte jeden Tag aufs Neue darum, seinem Sohn Sicherheit und ein schützendes Dach über dem Kopf zu verschaffen.

Sie sind ständig umgezogen und haben an vielen verschiedenen Orten übernachtet, wenn es gar nicht anders ging sogar in öffentlichen Toiletten oder in Parks.

Ungeachtet seines Versagens auf privater und geschäftlicher Ebene weigerte sich Gardner, unglücklich zu sein. Er machte einfach weiter und bekam schließlich das Angebot, ein Praktikum bei einer Maklerfirma zu machen, für das er allerdings sehr wenig Gehalt bekommen würde. Er nahm es trotzdem an.

Bereits nach kurzer Zeit wusste er, dass er seine Berufung dort gefunden hatte, und er arbeitete wirklich, wirklich hart, um seine Position zu verbessern. Letztendlich zahlten sich die Anstrengungen aus und er wurde zu einem erfolgreichen Unternehmer.

Heute ist Gardner der CEO seiner eigenen Firma in Chicago und er besitzt ein Vermögen von ca. $60.000.000.

BILL GATES

Bei Bill Gates denkt man auf dem ersten Blick, dass er von Anfang an mit der richtigen Idee durchgestartet und erfolgreich geworden ist. Und all das ohne Fehler, aber ein genauer Blick auf seine Vergangenheit sagt etwas anderes.

Noch bevor Microsoft gegründet wurde, hatet Bill Gates mit Paul Allen ein anderes Unternehmen namens Traf-O.Data, das die beiden in den 1970er Jahren gegründet hatten und welches leider ohne Erfolg blieb.

Paul Allen hat später gesagt: „Trotz unserer Bemühungen, unsere Produkte bis nach Südamerika bekannt zu machen, konnten wir nichts verkaufen".

Traf-O-Data war eine gute Idee mit einem schlechten Plan. Wir kamen nicht auf die Idee, irgendwie zu analysieren, was wir hätten besser machen können bei unserem Start. Wir hatten keine Idee wie schwer es war, finanzielle Unterstützung zu erhalten.

Zwischen 1974 und 1980 machte Traf-O-Data einen netto-Verlust von $3,494. Es machte einfach keinen Sinn und wir haben den Shop geschlossen.

Gates hat nicht nur mit Traf-O-Data versagt, er hat ebenfalls viele Fehler als CEO von Microsoft gemacht, welche dem Unternehmen viel Geld gekostet haben.

Man kann davon ausgehen, dass Bill Gates' Erfahrungen mit seinem ersten Unternehmen Traf-O-Data eine sehr wichtige Rolle für seine weitere Karriere gespielt haben. Der Grund für Microsofts Erfolg basiert zum Teil auf seinen Misserfolgen.

BEN CARSON

Benjamin Carson wurde am 18. September 1951 in Detroit, Michigan geboren. Seine Eltern waren Robert und Sonya Carson. Er begann seine Schullaufbahn an der "Detroit Public School" und seine Leistungen waren als durchschnittlich zu werten.

Als Carson 8 Jahre alt war, trennten sich seine Eltern und er blieb bei seiner Mutter wohnen.

Aufgrund der veränderten finanziellen Situation seiner Mutter und verbunden mit einem Umzug nach Boston, mussten Carson und sein Bruder die Schule wechseln und landeten an einer kirchlichen Schule, die lediglich aus 2 Klassenräumen bestand. An der Berea Seventh-day Adventist Church School bemühten sich zwei Lehrkräfte, 8 Klassenstufen gleichzeitig zu unterrichten, was dazu führte, dass der Schulalltag hauptsächlich aus Singen und Spielen bestand.

Ein Jahr später konnten die Brüder an ihre alte Schule in Detroit zurückkehren, waren aber aufgrund der mangelnden Ausbildung an der kirchlichen Schule nicht auf dem gleichen Stand wie die anderen Schüler. Carson erzielte immer die schlechtesten Noten.

Seine Verwandlung

Seine Verwandlung begann, als seine Mutter ihm verbot hat den ganzen Tag vor dem Fernseher abzuhängen und ihn gezwungen hat, das ein oder andere Buch zu lesen. Er musste mindestens zwei Bücher pro Woche aus der Bücherei ausleihen und jeweils eine Inhaltsangabe schreiben. Aufgrund dieser Übung haben sich seine schulischen Leistungen verbessert, und er wurde einer der besten in seiner Klasse.

Carson hat seinen Abschluss an der Yale Universität bestanden und an der Universität in Michigan für Medizin. Von 1984 bis zu seinem Rentenantritt im Jahr 2013 leitete er die Pädiatrie der Neurochirurgie am John-Hopkins-Krankenhaus in Maryland.

Er vollbrachte bisher nie erreichte Leistungen in der medizinischen Welt, wie beispielsweise die bis dato einzig erfolgreiche Trennung von siamesischen Zwillingen, die am Hinterkopf verwachsen waren und die Trennung von Typ-2-Schädelzwillingen. Er entwickelte neue Techniken zur

Kontrolle von Anfällen und Methoden zur Erkennung von Hirntumoren.

Seit 2017 war er unter der Verwaltung von Donald Trump als 17. US-Minister für Wohnungsbau und Stadtentwicklung tätig.

Er ist Träger der Presidential Medal of Fredom, der höchsten zivilen Auszeichnung in den Vereinigten Staaten.

NELSON MANDELA

Nelson Mandela wurde am 18. Juli 1918 als Sohn der königlichen Familie Thembu in Mvezo, Britisch-Südafrika, geboren und verstarb am 5. Dezember 2013.

Er studierte Jura an der University of Fort Hare und an der University von Witwatersrand und arbeitete anschließend als Rechtsanwalt in Johannesburg.

In Südafrika kämpfte er entschieden gegen das Apartheidsystem im Süden. Er wurde verhaftet und 1962 wegen seines Kampfes gegen die Herrschaft der Weißen verhaftet und inhaftiert.

Er wurde zu lebenslanger Haft verurteilt, weil er Mitglied der Rivonia Bewegung war, die zum Umsturz der Regierung aufgerufen hatte.

Mandela hat 27 Jahre im Gefängnis verbracht und wurde 1990 begnadet. Aufgrund seiner Führungsqualitäten wurde er 1994 zum Präsidenten von Südafrika in 1994 gewählt.

Während seiner Präsidentschaft hat er viel gegen die Apartheit ausgerichtet, es war ihm stets ein Anliegen, die Rechte der schwarzen Bevölkerungsmehrheit zu stärken.

Anders als viele anderen Politiker hat Mandela eine zweite Amtszeit abgelehnt. Stattdessen engagierte er sich mit seiner Stiftung, um Armut und HIV/AIDS zu bekämpfen.

Nelson Mandela und sein Engagement sind in Südafrika sehr geachtet und respektiert. Er war ein Führer der Nation und zeitlebens ein Verfechter der Demokratie und der sozialen Gerechtigkeit. 1993 wurde er mit dem Nationalen Preis für Demokratie ausgezeichnet.

MICHAEL FARADAY

Michael Faraday wurde am 22. September 1791 geboren und starb am 25. August 1867.

Faraday war eines von vier Kindern, die hart arbeiteten, um genug zu essen zu bekommen. Ihr Vater war Schmied und konnte seinen Beruf wegen wiederkehrender Krankheiten nicht regelmäßig ausüben.

Faraday erhielt nur Grundlagen der Bildung, das Lesen und Schreiben wurde ihm in einer kirchlichen Sonntagsschule beigebracht. Bereits in jungen Jahren musste er Geld für die Familie dazu verdienen, und trug Zeitungen aus. Im Alter von 14 Jahren konnte er in diesem Buchladen eine Ausbildung beginnen.

Anders als die anderen Auszubildenden, hat Faraday seine Möglichkeiten genutzt und ständig Bücher in dem Laden gelesen, in dem er arbeitete. Die nächsten 7 Jahre hat er viel gelesen und sich ein großes naturwissenschaftliches Wissen angeeignet.

Im Jahr 1812 besuchte Faraday vier Vorlesungen, die von dem Chemiker Humphry Davy gehalten wurden.

Faraday war so begeistert von den Lehren Davys, dass er diesen anschrieb und nach einem Assistentenjob fragte. Dieser lehnte zunächst ab, lud ihn aber im Jahr 1813 ein, als eine Stelle am Institut neu zu besetzen war. Damit hat er endlich seinen Traumjob bekommen und konnte zusammen mit anderen Naturwissenschaftlern arbeiten und forschen.

In 1821 hat er seine Forschung zur elektromagnetischen veröffentlicht. Bedeutende Entdeckungen machte er in verschiedenen Disziplinen der Chemie und der Elektrizitätslehre. Er gilt u. a. als Erfinder der elektromagnetischen Induktion – der faradaysche Käfig ist nach ihm benannt – er baute Urformen eines Elektromotors und eines Generators und er erkannte Gesetzmäßigkeiten im Bereich der Elektrolyse und des Magnetismus.

Er hat sehr viel zu den Studien des Elektromagnetismus beigetragen, ebenso für die Elektrochemie. Seine Erfindungen waren von extrem hohem Wert für unsere heutige Elektronik, ohne die wir heute auf vieles verzichten müssten. Und all das hat er erreicht ohne jegliche schulische Bildung in seiner Jugend.

THOMAS EDISON

Manche Leute sagen, dass Thomas Edison einer der optimistischen Menschen war, der jemals gelebt hat. Wie schafft man es, nicht aufzugeben, selbst wenn man 10.000 Fehlversuche erlebt hat?

Edison wurde am 11. Februar 1847 geboren und war das siebte und letzte Kind und zugleich das vierte überlebende von Samuel Edison, Jr. und Nancy Elliot Edison.

In einem frühen Alter entwickelte er Hörprobleme, die unterschiedlich erklärt wurden, aber höchstwahrscheinlich auf eine familiäre Neigung zu Mastoiditis zurückzuführen waren.

Edisons Taubheit hatte großen Einfluss auf sein Verhalten und seine Karriere und lieferte die Motivation für viele seiner Erfindungen. Edison ging nur wenige Monate zur Schule und wurde stattdessen von seiner Mutter zuhause unterrichtet.

Er scheiterte 10.000 Mal daran, eine kommerziell brauchbare elektrische Glühbirne zu erfinden, aber er gab nicht auf.

Als er von einem Journalisten gefragt wurde, ob er sich selbst als Versager ansieht, und ob er langsam nicht doch aufgeben möchte, hat Edison einfach geantwortet: „Wieso sollte ich mich wie ein Versager fühlen? Und wieso sollte ich aufgeben? Ich kenne mittlerweile 9.000 Wege, wie meine Erfindung nicht funktioniert, jetzt muss ich nur noch den einen richtigen finden. Der Erfolg steht kurz bevor".

Ja, das ist der gleiche Mann, über den sein Lehrer sagte: "Er ist zu dumm, um etwas zu lernen". Edison wurde zwei Mal gekündigt, weil er nicht genug gearbeitet hatte. Er hatte sich stattdessen voll auf seine Erfindungen fokussiert.

Allerdings ist Edison durch seine Leistungen auch der größte Innovator aller Zeiten mit 1.093 US-Patenten auf seinen Namen, und weitere in Großbritannien und Kanada.

Dies ist ein Mann, der sich weigerte, jemals aufzugeben, egal was passiert.

Er schrieb seine Erfolge seiner Mutter zu, die ihn aus der Schule holte und ihn selbst zuhause unterrichte. Sind diese Art von Müttern nicht umwerfend?

COLONEL HARLAND SANDERS

Ah! Das Einzigartigkeit von KFC Fastfood! Hast du dir jemals die Zeit genommen, um dir das Profil von dem Kopf hinter der Marke durchzulesen?

Lass mich dir eine Zusammenfassung geben, denn das Versagen, einen Job zu ergattern, hat ihn die größte Hühnchen FastFood Kette der Welt gründen lassen. Wahnsinn, oder?

Hast du schon einmal von dem beliebten Sprichwort gehört, das lautet: „Wenn das Leben eine Zitrone auf dich wirft, mach Limonade daraus"? Ja! Sanders hat das Sprichwort sehr gut genutzt, weil er eine sehr einzigartige Limonade gemacht hat.

Nachdem er viele Rückschläge erlebt hat, einen Job zu bekommen oder ein sicheres Leben zu haben in finanzieller

Sicht, hat Sanders nicht aufgegeben und ist in sich gegangen, um sich zu fragen, was er der Welt bieten könnte, wenn die Welt ihm nichts zu bieten hat.

Und das war es! Ein unfassbar leckeres Hühnchen war geboren!

Sanders hat es nicht direkt groß raus geschafft, aber nach ein wenig Warten wurde KFC nun doch bekannt. "Ich habe mich dazu entschlossen, etwas bis zum Ende durchzuziehen".

"Und keine Überstunden, keine Menge an Arbeit und keine Menge an Geld würde mich davon abhalten, das zu machen, was ich möchte und was ich für richtig halte."

ELIZABETH ARDEN
Die in 1878 geborene, sehr erfolgreiche Unternehmerin hatte eine Reihe von Misserfolgen, bis sie 1929 ein neues Schönheitsimperium schuf, das 150 Geschäfte in den Vereinigten Staaten und Europa umfasste, und am Ende weit mehr über 1000 Produkte in über 22 Ländern der Welt vertrieb.

Heute erwirtschaftet die Elizabeth Arden, Inc. über 1 Milliarde Dollar Umsatz im Jahr und ist damit eines der umsatzstärksten Unternehmen der Welt.

Es gab immer wieder Zeiten in Ardens Leben, in denen sie kläglich scheiterte, doch am Ende schaffte sie es. Nach jedem Rückschlag sammelte sie die Scherben der Firma ein und setzte sie neu zusammen. Auf diese Art baute sie nach und nach ein Imperium auf. Der Erfolg war erreicht.

Ich wende das berühmte Sprichwort an, das besagt: „Es ist nicht vorbei, bevor es nicht vorbei ist." Wenn du immer wieder versuchst, Fehler zu verbessern, gibt es für dich keine unüberwindbaren Hindernisse oder Umstände, denen du jetzt gegenüberstehen wirst.

Lektion

Die Definition von Misserfolgen, die wir in der heutigen Welt erleben, beeinflusst nicht nur unsere Philosophie, sondern führt auch dazu, dass das Nutzen des Scheiterns unterschätzt wird. Wenn du in deinem Leben versagt hast, bist du in der Lage unglaublichen Erfolg zu erleben. Das klingt vielleicht befremdlich, aber es ist wahr. Einige der größten Erfolgsgeschichten, die du jemals hören wirst, sind aus Fehlern entstanden.

12

Was ich vom Scheitern gelernt habe.

In unserem Leben, ist es wichtig zu scheitern, es ist wichtig, Stolpersteine aus dem Weg räumen zu müssen. Tatsächlich gibt es fünf sehr wichtige Lektionen im Leben, die uns das Scheitern lehrt. Wenn du in letzter Zeit auf irgendeine Art und Weise versagt hast, und du gerade eine schwierige Zeit durchmachst, denke immer an diese Lektionen.

Erfahrung

Die erste Sache, die wir aus unserem Scheitern mitnehmen, ist Erfahrung.

Was passiert, wenn wir scheitern? Wenn wir etwas Schweres durchmachen, können und müssen wir am Ende daraus lernen, um weiter nach vorne schauen zu können. Es hilft uns ein besseres Verständnis für unser Leben und für unsere Taten zu entwickeln.

Die Erfahrung zu scheitern, ist unfassbar wertvoll. Sie ändert unsere komplette Denkweise und das Ertragen von

Schmerzen. Es lässt uns darauf blicken, was wirklich wichtig in unserem Leben ist, wodurch wir uns für die Zukunft stärken können.

Ich hatte vor einiger Zeit ein Tourismus Magazin gegründet namens Bad Füssing Aktuell. Mein Team und ich haben mit dem lokalen Tourismus Büro in Bad Füssing zusammengearbeitet. Bad Füssing ist der größte Kurort Europas und auch berühmt für sein medizinisches Spa-Angebot.

Das Magazin war vom ersten Tag an erfolgreich und der Ursprung meiner Geschichte als Verleger.

Eines Tages kam ein junger Mann in mein Büro, und hat mir sein eigenes Magazin zum Kauf angeboten. Ich mochte den Namen des Magazins, „trendguide Kitzbühel" aber leider nicht die Inhalte und die Aufmachung.

Ich habe ihm sehr viel Geld nur für den Namen geboten und er hat es dankend angenommen, um sich ein Leben in Australien zu ermöglichen.

Ich habe das Magazin von Grund auf verändert und meine ersten großen Kunden telefonisch akquiriert. Wir starteten mit 2 Trendguides pro Jahr in Kitzbühel und haben es genossen Sinn, Spaß und Geldverdienen intelligent zu kombinieren.

trendguide Media war der Nachfolger meiner Agentur, die ich verkauft hatte.

Ich wollte ein Unternehmen gründen, welches sicher profitabel wächst, ohne dass ich mich persönlich täglich damit beschäftigen muß.. Ich habe Partner gefunden und die Vision war mindestens 100 Trendmagazine für Städte und Regionen in verschiedenen Ländern kontiniuierlich herauszugeben. Das erste Multi-Media-Magazin für Städte, Regionen und spezielle Themen. (Es gab eine gedruckte, hochwertige Ausgabe, ein App, interaktives WEB – bereits 2010!)

Unser Unternehmen schien bombastisch zu laufen und wir eröffneten ein weiteres Büro in München. Dazu kamen immer mehr Partner in ganz Europa zu unserem Netzwerk von selbständigen Herausgebern: von Cannes bis Sylt. Wir entwickelten die erste Administrations-Software für selbständige Verleger, die es ermöglichte, die meisten Geschäftsprozesse online zu erledigen.

Nach einiger Zeit haben einige meine Partner das System besser verstanden und verhielten sich immer weniger loyal.

Sie haben gekündigt, ihr eigenes Magazin gegründet und meine Kunden abgeworben.

Einige haben sogar unter falscher Flagge (also unter meinem Namen) für ihr eigenes Magazin geworben.

Es war eine schreckliche Zeit und eine schreckliche Erfahrung für mich.

Betrogen, getäuscht zu werden von meinen Unternehmenspartnern, die ich fast für Familienmitglieder und Freunde hielt und denen ich allen geholfen häbe erfolgreich eine Selbständigkeit zu begründen und gutes Geld zu verdienen.

Das Geringste war, dass ich auch Unmengen an Geld verlor.

Dennoch wollte ich keine Anwälte einschalten, weil das zu viel Aufwand gewesen wäre, und das war es einfach nicht wert.

Nach dieser Erfahrung wollte ich mich zurückziehen und da sprach mich ein Paar aus München an, welches ich schon länger privat schätzte.

Sie wollten sich an trendguide Media beteiligen und der aktive Partner sein und ich sollte mich als kreativer Berater aus dem Geschäft zurückziehen. Die Idee klang sehr verlockend.

Ich ging auf Weltreise mit meiner Frau, habe meinen neuen voll Partnern vertraut, dass sie das Unternehmen in meinem Sinne leiten würden.

Als ich zurückkam, war alles anders, als es einmal war.

Ich musste erkennen, dass sie keine Ahnung davon hatten, was es heißt, ein Medien-Unternehmen zu führen und zu entwickeln. . Wir mussten uns trennen und ich habe deren Anteile an unserem Unternehmen wieder zurückgekauft. I

Ich war nun wieder allein.

Aber das Business im "Publishing" ist hart. Es gibt nur wenige Leute, auf die man sich verlassen konnte und es gibt viele Lügner, Schaumschläger und Möchtegerns.

Nach einigen Jahren habe ich mich dazu entschieden, die Investitionen in die App und Multimedia zurückzufahren und mich mehr auf die das gedruckte Magazin zu konzentrieren.

Wichtige Partner halten mir die Treue und sind sehr erfolgreich in ihren lokalen Märkten. Eine Win-Win Situation für Alle.

Langsam, aber sicher kam das Unternehmen wieder in Fahrt, wurde aber vom Pandemiegeschehen erneut ausgebremst.

Während ich das hier schreibe, hat sich das Unternehmen von der Pandemie erholt und es läuft wieder. DANKE.

Wissen

Scheitern bringt uns etwas, was wir aus erster Hand erfahren. Wissen. Dieses Wissen kann in der Zukunft benutzt werden, um die alten Fehler auszugleichen, welche uns so viel Schmerz am Anfang bereitet haben. Nichts kann das Wissen, welches wir durch Scheitern erhalten, ersetzen.

Ich habe ein großes Haus mit vielen sehr exklusiven Ferienwohnungen Kirchberg/Tirol bauen lassen, welches ich mithilfe von AIRBNB und anderen Anbietern vermarkte.

Meine Frau und ich hatten anfangs viel Spaß, viele internationale Besucher und auch gutes Geld in der Tasche.

Allerdings habe ich schnell gemerkt, dass ich mein eigener Sklave geworden war.

Nein danke, ich möchte frei sein...

Wir haben ein Unternehmen gefunden, dass die Gastgeber Rolle stellvertretend für uns übernehmen kann, und seitdem sind wir wieder frei. Das Wichtigste für mich!

Als Thomas Edison 10000 Mal versagt hat, die Glühbirne zu erfinden, hat er so viel Erfahrung und Wissen sammeln können, was ihm am Ende ermöglicht hat, erfolgreich zu sein. Immer wieder nach seinen Fehlern aufzustehen und es erneut zu versuchen, ist das, was wirklich wichtig ist. All das hat zu seinem Erfolg geführt.

Widerstandsfähigkeit

Im Leben zu versagen, stärkt unsere Widerstandsfähigkeit. Je öfter wir versagen, desto resilienter werden wir.

Um großen Erfolg zu erleben, muss man Resilienz beweisen. Wenn wir glauben, dass wir direkt beim ersten Versuch erfolgreich sein werden, haben wir uns getäuscht. In solchen Fällen fallen wir viel tiefer, als wir wollen.

Die Vorteile von Resilienz können uns helfen, unser Leben neu und erfolgreich aufzusetzen. Verflogen sind die Gedanken, dass wir etwas über Nacht erreichen können. Wir müssen realisieren, dass wir langsam, aber sicher nach vorne gehen und dabei immer stark bleiben. Erfolg braucht Arbeit, Mühe, Schweiß und auch Widerstandsfähigkeit.

Wachstum

Wenn wir versagen, wachsen wir als Menschen. Wir bekommen ein tieferes Verständnis für viele Dinge in unserem Leben und wir fangen an zu verstehen, warum wir etwas tun, was wir etwas auf eine bestimmte Art und Weise machen. Das hilft uns, die Dinge in Beziehung zu setzen, um ein Verständnis für Rückschläge zu entwickeln.

Das Leben ist dazu ausgelegt, dass wir wachsen und uns verbessern können. Von dem Moment, an dem wir geboren wurden, bis zu unserem Tod. Wir sind Individuen, die in eine Welt kommen, die erobert werden muss. Wir müssen an uns arbeiten, um wachsen zu können.

Wert

Einer der wichtigsten Dinge, die wir durch unser Scheitern lernen können, ist es, einen Mehrwert zu schaffen. Der Wert oder Mehrwert liegt da, wo dein Herz liegt. Dort wo der Erfolg ausgebildet wird.

Wenn du über frühere Fehler nachdenkst, denkst du darüber nach, wie viel Mehrwert dein Handeln hatte. Hättest du eventuell mehr machen können? Hätte etwas dein Scheitern vermeiden können? Wenn du lernst, gezielt Mehrwert zu vermitteln, wirst du auf Dauer Erfolg haben.

Meine eigene Lebensgeschichte hat mich irgendwann zu meinem neuen Start-Up

My-Mindguide geführt. Ich habe den COVID Lockdown genutzt, um Yoga, Meditation und eine Ausbildung als Hypnose-Master Coach zu absolvieren. Nun bin ich ein zertifizierter Master Hypnose- Coach, Meditations-und Yoga-Lehrer.

Mein erster Gedanke war, dass es dem gesamten Achtsamkeits-Geschäftsmodell an Marketing- und Werbe Know-how mangelt, und ich wusste, dass ich in diesem Bereich erfolgreich helfen könnte.

Ich habe eine Präsentation über die Gründung des Mindguide Clubs zusammengestellt, um eine große Anzahl von Achtsamkeitsexperten in das elektronische Zeitalter zu katapultieren. Die Reaktion der Branche war gut, aber wiederum hätte ich alles selbst *inszenieren müssen*. Das Echo aus der Branche hat mich nicht überzeugt und so habe ich beschlossen mich ganz dem Schreiben zu widmen. Ich möchte in dieser Form mein Wissen, meine Erfahrungen weitergeben und vielleicht einen kleinen Beitrag leisten damit es meine Leser leichter haben.

Fazit

Ich liebe es, Geschichten über Menschen zu hören, die ihr Scheitern überwunden haben und erfolgreich im Leben geworden sind. Es hat mich immer darin bestärkt: "Das kann ich auch!". Ich bin ein großer Fan von Zeitschriften über Unternehmer und Selbstständige aus genau diesem Grund. Du wirst viele Menschen finden, die sagen, dass sie bankrottgegangen sind und dennoch erfolgreich wurden. Alle Menschen hätten gesagt, dass sie es niemals etwas schaffen würden. Heute besitzen die meisten Millionen-Dollar-Unternehmen, welche unsere Welt komplett verändert haben. Ich kann einfach nicht genug von diesen Geschichten bekommen, denn sie inspirieren mich, um weiterzumachen und nach meine Zielen gewissenhaft zu verfolgen. Irgendwann, wenn auch ich noch weitere Erfahrungen sammeln konnte, werde auch ich dir noch mehr Geschichten über mich erzählen können.

Manch andere Male höre ich Geschichten von Menschen, die genau dieselben Probleme haben wie ich im Moment. Es ist gut zu wissen, dass es Menschen gibt, die an derselben Stelle Schwierigkeiten haben weiterzumachen. Man ist nie allein. Natürlich bin ich nicht glücklich darüber, dass andere

Menschen Schwierigkeiten haben, aber es erinnert mich daran, dass man nie der Einzige ist, der irgendwo versagt hat. Eine der coolen Dinge über Menschen, die dasselbe durchmachen wie du selbst ist, dass man währenddessen viele neue Freundschafen schließen und gemeinsam Lösungen finden kann.

Eine Sache, die ich gelernt habe, ist, dass Menschen häufig positiv auf Ehrlichkeit reagieren. Sie schätzen es, wenn jemand ehrlich ist, und versuchen einen Mehrwert daraus zu ziehen und Erfahrungen für ihr eigenes Leben zu sammeln. Es gibt nichts Stärkeres, als zugeben zu können, dass man versagt hat. So können wir erneut aufstehen und einen neuen Versuch starten!

Feiere deine Fehler (mit dir & anderen)
Meine Fehler zuzugeben, alle Fehler aus der Vergangenheit und auch aus der Gegenwart, hat mich frei gemacht. Ich habe wirklich das Gefühl, dass ich weitermachen kann und neues probieren kann, ohne zu große Verluste hinnehmen zu müssen. Ich kann das machen, was ich möchte. Seine Fehler zu teilen, bedeutet seine Zukunft in die Hand zu nehmen und einen Schritt näher hin zum Erfolg zu gehen. Und wer weiß, vielleicht ist dein Scheitern auch nur eine Inspiration für jemand anderen.

Sei stolz und feiere dein Scheitern, denn nur so
können wir lernen!

Wenn dir dieses Buch gefallen hat und du gerne über ähnliche Themen lesen möchtest, die ebenfalls mein Leben verändert haben, würde ich mich freuen, wenn du dir meine neuen Bücher auf Amazon oder meiner Website ansiehst. www.my-mindguide.com

Folge mir auf meinen Social-Media-Kanälen, sodass wir in Kontakt bleiben können. Ich würde mich über ein „Gefällt Mir" auf Facebook oder Instagram freuen! Du bist herzlich eingeladen, deine Gedanken auch direkt mit mir persönlich zu teilen: gassner@my-mindguide.com. Als Gegenleistung, sende ich dir ein wunderschönes Bild, das du ausschneiden und in dein Büro hängen kannst.

Ich würde mich ebenfalls über eine positive Bewertung auf Amazon freuen. Das hilft mir dabei, noch mehr Leute zu erreichen. Danke dir, dass du dir die Zeit genommen hast, und ich dich mit meinem Wissen berieseln konnte!

Ich möchte Danke sagen, danke an all meine Kollegen, Familienmitglieder und jedem, der mir dabei geholfen hat, der zu werden, der ich heute bin.

Ich möchte mich ebenfalls bei Gabriel Palacios bedanken, einem Schweitzer Autor, der mich einiges gelehrt hat. Ich habe so viel auf meiner Reise lernen können, jetzt wo ich ein zertifizierter Coach geworden bin. Danke dir Gabriel.

Darüber hinaus möchte ich danke sagen, an den unfassbaren Lehrer SAMYANA/Bali, welcher mich gelehrt hat, ein zertifizierter Yoga-Trainer und Meditations-Trainer zu werden.

Zu guter Letzt möchte ich einen besonderen Dank an meinen Mentor Eckhard Wunderle aussprechen, der mir extrem nahesteht. Er hat mich in die Welt des Meditierens eingeführt, und mich alle Wunder erleben lassen, die die Meditation zu bieten hat. Ich könnte nicht glücklicher sein über alles, was ich durch ihn erreicht habe.

Frieden, Liebe, und Glück für euch alle – bis zum nächsten Mal!

Authors portrait

Kurt Friedrich Gassner hat im Laufe seines Lebens viele Rollen gespielt. Unter anderem war er Serienunternehmer, Kreativdirektor, Meditationslehrer, lizenzierter Hypnosetherapeut und seit kurzem auch Autor für Selbstverbesserung. Durch die Nutzung seines Erfahrungsschatzes und seiner fundierten Kenntnisse der Psychologie gibt er seinen Lesern die Werkzeuge an die Hand, die sie benötigen, um ihr unendliches Potenzial zu entfalten.

Als produktiver Selbsthilfe-Autor hat Kurt die folgenden Bücher verfasst: *Die Kunst des Vergebens, Lügen oder Sterben, Soul-Match, Kann man einen vergifteten Verstand erben? und Die Macht der Armut.* Er ist auch Autor eines Kinderbuch-Bestsellers im deutschsprachigen Raum und hat über 20 Bücher in Arbeit.

Wenn es um dauerhaften Erfolg geht, weiß Kurt, dass finanzieller Wohlstand nicht der einzige Aspekt ist, nach dem man streben sollte. Er mag ein Selfmade-Millionär sein, aber was sein Leben wirklich verändert hat, ist die Beherrschung seines Unterbewusstseins. Beharrlichkeit, persönliche Stärke, Selbsterkenntnis und das Lernen aus vergangenen Fehlern waren die wichtigsten Zutaten, um seine Träume zu verwirklichen. Er bemüht sich, diese Weisheit durch sein Schreiben an andere weiterzugeben.

In seiner Freizeit reist Kurt Friedrich Gassner entweder um den Globus, geht golfen, radelt in den Alpen, wandert oder verbringt Zeit mit seinen Lieben. Seit 37 Jahren ist er glücklich verheiratet und Vater von zwei erfolgreichen Kindern. Zurzeit wohnt er in München, Deutschland, und Kirchberg, Österreich.

OTHER BOOKS BY THE AUTHOR

My-mindguide.com
Ein praktischer Leitfaden zur
Selbstheilung und zur
Überwindung vergangener
Traumata
Die Kunst Der
VERGEBUNG
KURT GASSNER

My-mindguide.com
SEELEN
VERWANDT
WIE MAN DIE KRAFT DES UNTERBEWUßTSEINS
FÜR SEINE BEZIEHUNGEN NUTZT
KURT GASSNER

My-mindguide.com
Schizophrenes
Leben
Wie man mit einem schizophrenen harmonisch leben kann
KURT GASSNER

My-mindguide.com
Ein inspirierendes Buch zur Überwindung vergangener Traumata
KRAFT DER
VERGEBUNG
SELBSTVERGEBUNG HEILT
KURT GASSNER

My-mindguide.com
Passt
Du zu
Mir?
Wie wir swipen lernen, ohne uns zu verletzen
KURT GASSNER

BESTSELLING AUTHOR OF
The Art Of
FORGIVNESS
AMAZON #1 BESTSELLER
My-mindguide.com
A practical guide for self healing and overcome past traumas
The Art Of
FORGIVNESS
KURT GASSNER
The Art Of
FORGIVNESS
KURT GASSNER

www.ingramcontent.com/pod-product-compliance
Lightning Source LLC
LaVergne TN
LVHW041317200726
843509LV00009B/524